東京オリンピック

「問題」の核心は何か

小川 勝
Ogawa Masaru

a pilot of wisdom

目次

写真提供・共同通信社

序章　一九六四年の光と、二〇二〇年の影

1964年東京五輪開会式、日本選手団の行進

一九六四年の開会式

二〇二〇年の東京五輪について考える場合、まずは一九六四年の東京五輪を学び直すところから、始める必要がある。

映画「東京オリンピック」(一九六五年)に映っている開会式——そこには、最近のオリンピックにはない種類の美、すなわち天然色の美しさがある。抜けるような青空。煉瓦《れんが》色のアンツーカー。そのアンツーカーに引かれた、汚れのない白線。

その天然色の色彩を、最近の五輪では、あまり見かけなくなった。この感慨は、単なる懐古趣味ではないと思う。なぜなら、近年の開会式は、夜間に照明をつけて行なわれるため、天然色が失われているからだ。映画「東京オリンピック」を見ると、そのことがよく分かる。

一九六四年、敗戦から一九年後に行なわれた東京五輪の開会式には、天然色の美しさがあった。その一方で、これ見よがしに、国の歴史や文化を見せつける演出など何もなかった。だが、そこには大観衆の心をとらえて、生涯失われることのない、心の奥底に残る記憶をもたらす美しさがあった。国立競技場のスタンド最上階には、絶妙の風を受けて万国旗がはためき、その、はるか上空の青空に、自衛隊の航空機が曲芸飛行で壮大な五輪の輪を描いた。それは、国力を結集した国威の発揚というより、しっかりした五輪精神の称揚になっていたと思う。

この開会式を見ても、あるいは大会の公式ポスターを見ても、一九六四年の東京五輪には、日本の伝統文化に根差した「簡素の美」というものがあった。現在から見れば、という側面はあるかも知れないが、あざとい国威発揚のPR精神といったものは抑制されていたように思う。

ダークサイドの露呈

二〇二〇年、私たちは二度目の東京五輪を迎える。

なぜ、東京なのか。一九六四年の大会をきちんと見直してみれば、ひとつの答えが示されている。人工的な享楽性を高めて人々を圧倒するような、最近の五輪の流れに乗るのではなく、私たちにしかできない「簡素の美」を、二一世紀の技術を持って、現代の五輪に

1964年東京五輪ポスターの絵はがきセット

吹き込むこと。そのことによって、ピエール・ド・クーベルタンが掲げた五輪の理念を新たに称揚すること。それが私たちの義務に思える。

だが、実際の「二〇二〇年東京オリンピック・パラリンピック」は、そのような方向には向かっていない。二〇二〇年に向けて実際に起こっていることは、五輪の理念とは似ても似つかないダークサイドの露呈である。責任逃れや、明らかな不正といった、うんざりするような混沌《こんとん》の露呈だ。

新国立競技場問題と公式エンブレム問題に始まった一連のダークサイドの露呈に対して、私たちには、どのような態度を取ることが可能なのか。うんざりして、徐々に、東京五輪に対する興味そのものを失っていく。できる限り税金を使わないでやってもらいたい、ただそれだけだという気持ちになっていく――これがひとつの、ある意味では自然な態度かも知れない。

このような、暗い側面の露呈が続く道のりにあって、それでもなお、私たちに語るべき言葉はあるのだろうか。

そのような言葉を、求めていくほかはない。うんざりして、諦めて、東京五輪を、政治家や官僚や大企業が利権の内部調整に終始するだけの巨大イベントにしてはならない。

オリンピック憲章という「根本原則」に立ち返る

暗い側面が立ち上がってきた時、私たちにできることは、何だろうか。

ひとつの方法は、やはり、歴史の風雪に耐えてきた原則に立ち返ることではないだろうか。五輪を五輪たらしめてきた根本原則に光を当て、そこからもう一度、学び直すこと。それが、私たちを正気に立ち返らせてくれるのではないだろうか。

五輪は都市の再生のためにやるわけではない。経済成長のためでもない。招致活動において繰り返された文言を用いて表現するなら「今、ニッポンにはこの夢の力が必要」だからでもない。あるいは、国民に観客の立場での「感動と記憶を残す」ためでもない。

五輪の開催目的とは、オリンピズムへの奉仕である。オリンピズムとは何か、については本書において詳述する。

東京五輪の招致活動を行なっていた時、最終プレゼンテーションの、最後のスピーチに立った日本オリンピック委員会（ＪＯＣ）の竹田恒和《つねかず》会長（招致委員会理事長）は、次のような言葉で、スピーチを締めくくっている。

「オリンピックの価値観を守り、共有することができるのは東京です。皆さん（国際オリンピック委員会）とともに、この重要な価値観を守るため、たゆまぬ努力ができる人たちがいます。（略）二〇二〇年の東京において、偉大なレガシーがつくりだされるでしょう。大きなチャンスが生まれます。スポーツ、そしてオリンピック・ムーブメントが、最大の勝者となるでありましょう」

開催都市は本来、五輪から恩恵を受ける側ではない。オリンピアンたちに、恩恵を与える側である。スポーツそのもの、オリンピズムそのものを勝者にしなければならない。オリンピズムとは何か。まずは、そこに立ち返ろう。すなわち、オリンピズムを規定したオリンピック憲章を、いま一度、じっくりと読み解いていかなければならない。


政府の基本方針が示すのは「開催国の欲望」ばかり

二〇一五年一一月二七日、政府は「2020年東京オリンピック・パラリンピック」の準備、運営に向けた基本方針を閣議決定した（本書巻末に全文を掲載）。

この基本方針を読んでいくと、現在の日本で、五輪というものがどのようにとらえられているか——少なくとも、日本政府が五輪をどのようにとらえているのか、よく分かる。

それは、日本が恩恵を受け取るためのイベントにほかならない。

東京オリンピック・パラリンピック推進本部の会議で配布された文書には、次のような文言が見受けられる。

「過去最高の金メダル数を獲得するなど優秀な成績を収めることができるよう、戦略的な選手強化等を進める」
「先進的な取組を世界に示す」
「被災地が復興を成し遂げつつある姿を世界に発信する」
「全国津々浦々にまで、大会の効果を行き渡らせ、地域活性化につなげる」
「科学技術を世界にアピール」
「『強い経済』の実現につなげる」

世界に示して、発信して、アピールすること。そして経済効果を得ること。つまるところ、このふたつの目的が繰り返されている。五輪本来の目的である、オリンピズムをより広めることや、そのための方法については、言及はあるものの、その部分は、メディアによって取り上げられることがほとんどない。

開催国の政府が、五輪を開催するにあたって「いかにして五輪から恩恵を得るか」という欲望を語り、基本方針として公表する。クーベルタンがこの基本方針を読んだら、どう思うだろうか。

恩恵を手にしたい。それも、自分が所属している限定的な組織にとっての恩恵を。そのような欲望が入り乱れて、収拾がつかなくなった最も顕著な実例が、新国立競技場の最初の計画だったのではないだろうか。

歴史、文化、環境の軽視

新国立競技場をめぐっては、責任の所在を曖昧にした「有識者会議」なるものが設置され、「世界の人々をあっと言わせるものを造りたい」といったような、高度成長時代からなにひとつ変わっていない欲望が吐露され、そこに各競技団体や、コンサート会場として利用したい音楽業界の要求などが上乗せされた。そこでは、建設の前提となるはずの、明治神宮外苑《がいえん》の歴史的、文化的な継続性や、東京のオアシスとしての環境面の条件などは、軽視されるか、形式的に議論されただけだった。

当初案の白紙撤回へとつながった、建築界の重鎮・槇《まき》文彦氏による異議申し立ては、二〇一三年八月に刊行された建築専門誌への論文投稿から始まった（「新国立競技場案を神宮外苑の歴史的文脈の中で考える」『JIA MAGAZINE』二九五号）。その第一の主旨は、風致地区である明治神宮外苑に、新国立競技場の当初案はあまりにも巨大すぎる、ということだった。上空から見たデザインではなく、日常的にそこを通る人々が路上から見た時、どのように見えるのか。緑も多く、風致地区として守られてきた周囲の景観、環境との調和はどうなるのか。そして何より、これほど歴史的に重要で、周囲への景観、環境にも影響を与える大きな公共建築物の建て替え計画が、周辺住民との話し合いを経ることもなく決定されてしまうという、決定へのプロセス――槇氏が声を挙げたのは、こうした問題への異議申し立てだった。

結果的に、世論の大きな関心を引くことになったのは建設経費の高騰だったが、声を挙げた当時、すでに八四歳の高齢だった槇氏を駆り立てたのは、何よりもまず、明治神宮外苑という歴史ある風致地区にふさわしい競技場とはどういうものか、民主的な手続きを経て決定すべきであるということだった。

要は、最初の建設計画は、新国立競技場の建設を、個別的組織による恩恵享受の対象と考え、建設の前提となるはずの歴史的、文化的な意味合いを、あまりにも軽視していた、ということだろう。結果として、膨らんでいく計画を適切に制御していく判断基準が存在しなかった、そういうことではないだろうか。

五輪開催によって建設業に需要が喚起され、大会前から、プレ大会や各国選手団のキャンプによる日本への渡航者が増え、それらが限られた業界に一定の経済的恩恵を及ぼすことは間違いない。だが、五輪を運営する側である政府の基本方針が、五輪の開催意義は、どれだけ多くの人々に恩恵を行き渡らせるかにある、といったものである限り、五輪に向けた準備段階で、恩恵の多寡をめぐるさまざまな問題が、また新たに持ち上がってくるだけなのではないだろうか。

新国立競技場が受け継ぐべき「歴史」とは

東京五輪にまつわるさまざまな決定については、まず、歴史的な意義を考えることによって、何を優先するべきなのか、ひとつの判断基準を獲得することができるように思う。

例えば、新国立競技場が受け継ぐべき歴史とは、どのようなものだろうか。

旧国立競技場は、アジアで初めて開催されたオリンピックのメーンスタジアムだった。開会式と閉会式、そして陸上競技などが行なわれた。このことの重要性が、果たしてどれくらい理解されているだろうか。

ギリシャのアテネで始まった近代五輪は、一八九六年の第一回大会から六四年間、ずっと西洋文化圏で開催されていた。それが初めて東洋で、日本で開催されたのである。五輪が、五大陸に及ぶ真の世界的イベントに飛躍するうえで、一九六四年の東京五輪は画期的な大会だったと言える。

繰り返すが、開催時、日本は敗戦から一九年しかたっていなかった。

当時の世界的な出来事を振り返れば、五輪の三年前にはベルリンの壁が築かれ、二年前にはキューバ危機があった。そして、いよいよ五輪が開幕する、その二カ月前には、いわゆるトンキン湾事件が起こって、米国が北ベトナムに「報復攻撃」を始めた。ベトナム戦争が、本格的に始まったのである。東西の対立はきわめて深刻な状況だった。

それでも東京五輪には、米国もソ連も、キューバも参加している。そして、ベルリンの壁によって分断されたドイツは、東西統一チームとして参加している。政治からスポーツを切り離して、世界的イベントとして開催していくという五輪の意義は、当時、世界中の多くの人々が、切実な思いで共有していたはずだ。そのような大会が、敗戦から復興した日本で開催されたことは、五輪の歴史上でも、とても意味のある出来事だったと言えるだろう。

加えて、初のアジア開催というだけでなく、通信衛星によるテレビ中継が初めて行なわれたことも含め、近代五輪の歴史上、東京五輪は、まさに時代を画する大会だったと言える。参加国が九三カ国、参加選手が五一五二人と巨大化する中で、それでも、巨大化の弊害はまだ表面化する段階ではなかった。大会期間中に限って言えば、政治的な問題も表面化することはなかった。振り返ってみれば、本当に希有《けう》な大会だったと言える。

「価値観を共有できる競技場を造ってほしい」

東京五輪のあと、一九六八年のメキシコシティー五輪では、人種差別に抗議した示威行動による米国黒人選手たちの大会からの追放という事件があった。七二年のミュンヘン五輪では、パレスチナゲリラによってイスラエル選手団が殺害される惨劇が起こった。七六年のモントリオール五輪では、地元の自治体に、その後三〇年にわたって大きな財政負担を強いることになる大赤字が出た。そして八〇年モスクワ五輪では西側諸国、八四年ロサンゼルス五輪では東側諸国によるボイコットがあった。

一九六四年東京五輪は、戦後の巨大化した五輪の中で、世界的な共通認識としての五輪のイノセンスが、かろうじて残っていた、最後の大会であったとさえ言えるかも知れない。

新国立競技場は、こうした最初の東京五輪の重要性をしっかりと認識したうえで、歴史を受け継いでいくような建設のコンセプトが築かれたなら、どのような競技場にするべきか、自ずと、ある程度の方向性が出るものだったのではないだろうか。具体的には、一九六四年当時の聖火台の継続利用や、東京五輪の優勝者プレートを引き継ぐことはもちろん、当時を思い起こすことのできるような、旧国立競技場の面影を残す方向性が出てきたのではないかと思われる。

陸上競技男子四〇〇mの日本記録保持者、高野《たかの》進《すすむ》氏は、新国立競技場に関して、「東京新聞」紙上で真情のこもった持論を語っている。現役時代、競技場の好き嫌いはなかった高野氏にも、国立競技場だけは違った、という。「日本で一番大切な競技場だから、ここでは結果を残さなくてはいけない、一年で一番いい走りを見せるんだ」という思いで走っていたという。そして「シンプルでいい。私が旧国立に抱いたような感情、陸上競技選手が『いつかあそこで』と価値観を共有できる競技場を造ってほしい」とあった。

こうした「共有できる価値観」こそ、金で買うことのできない「公益」であり、それは歴史の継承なしには、成り立たないものだと思う。

国がやるべき仕事は何か

新国立競技場の建設を除けば、オリンピック開催にあたって政府がやらなければならないことは、入国管理など国が管轄している業務と、そしてセキュリティーである。

それ以外に、国が率先して旗を振る必要があるとすれば、それは、いかにして大会の運営で赤字を出さないようにするか、ということだろう。

大会組織委員会は、仮設の競技会場整備、練習会場の借り上げ、選手村の賃貸料、開会式と閉会式の開催をはじめ、選手や役員の輸送から、八万人規模と言われるボランティアのユニホームまで、実にさまざまな大会の運営費を、組織委員会自身の収入で賄わなければならない。

組織委員会の収入とは、入場料、国際オリンピック委員会（ＩＯＣ）からの企業スポンサー料、テレビ放映権料の分配金、そして組織委員会自身が契約した日本国内の企業によるスポンサー料などだ。それで賄いきれない場合、すなわち大会運営で赤字が出た場合は、まずは東京都の税金が投入され、それでも足りない場合は国の税金が投入される。

政府は、あらゆる行政経験と知見を結集して、安全性の確保と運営経費の削減という、通常は対立するふたつのテーマについて、大会組織委員会を援助する必要があるだろう。

言い方を換えるなら、東京五輪に関して国がやるべき仕事は、それに尽きるとも言えるのであって、メダル数のノルマを課したり、日本の国力をアピールしたりすることではないのである。

オリンピック憲章は、しばしば、政府の基本方針とは相容れないものになっている。それをひとつひとつ読み解きながら、二〇二〇年の東京五輪に対して、私たちが取り得る有効な態度を考えていきたい。

第一章　オリンピックは「開催国のために行なう大会」ではない

新国立競技場の建設予定地（手前）

〈政府基本方針〉「今回の大会の意義」（抜粋）

世界中の多くの人々が夢と希望を分かち合える歴史に残る大会にするとともに、自信を失いかけてきた日本を再興し、成熟社会における先進的な取組を世界に示す契機としなければならない。

〈オリンピック憲章〉「オリンピズムの根本原則」

1．オリンピズムは肉体と意志と精神のすべての資質を高め、バランスよく結合させる生き方の哲学である。オリンピズムはスポーツを文化、教育と融合させ、生き方の創造を探求するものである。その生き方は努力する喜び、良い模範であることの教育的価値、社会的な責任、さらに普遍的で根本的な倫理規範の尊重を基盤とする。

2．オリンピズムの目的は、人間の尊厳の保持に重きを置く平和な社会を奨励することを目指し、スポーツを人類の調和の取れた発展に役立てることにある。

6．このオリンピック憲章の定める権利および自由は人種、肌の色、性別、性的指向、言語、宗教、政治的またはその他の意見、国あるいは社会のルーツ、財産、出自やその他の身分などの理由による、いかなる種類の差別も受けることなく、確実に享受されなければならない。

「自信を失いかけてきた日本」とは？

東京五輪に向けた政府基本方針からは、さまざまな「五輪開催による恩恵」を実現するために、税金を注ぎ込む意向が政府にあるらしいことが読み取れる。

「この感動を次は、ニッポンで！」というポスターのコピーがあった。あるいは、東京への招致が決まる前から、五輪が決まった場合の「経済効果」について、実にさまざまな報道がなされていた。もともと東京は、そのほかの立候補都市、トルコのイスタンブールや、スペインのマドリードと比べて、開催都市の地元市民による支持率が低かった。東京五輪招致委員会は、どうすれば支持率が上がるのか、いろいろと考案していた。その結果として打ち出した対策は、結局のところ「五輪開催による恩恵を説く」ということに終始していたと思う。
そういった「五輪開催による恩恵」を、広く解釈して抽象化した表現のひとつが、政府基本方針の中に見られる、次の文章ではないだろうか。

「自信を失いかけてきた日本を再興し、成熟社会における先進的な取組を世界に示す契機としなければならない」

この表現が、どの程度、実感を持って書かれたものなのか分からない。そもそも政府の方針といったものは、当たり障りのない、誰も反対できない表現の中に、ところどころ実質的に意味を持つ文言を織り込んでいくというものなのかも知れない。
それにしても、この基本方針の表現には、政府の独断的な解釈が含まれていると言わざるを得ない。例えば「自信を失いかけてきた日本」とあるが、これはどういう根拠から、このように書いているのだろうか。政府は、日本人の大半が「自信を失いかけてきた」と考えているのだろうか。そうだとすれば、どのような根拠から、そのようにとらえているのだろうか。

そもそも、ここで語られている「自信」とは、何に対する自信なのだろうか。人間であれば、自信を持っている得意分野と、自信を持てない不得意分野があるのは当然のことで、何に対する自信なのかを語らない限り、文章の意味がはっきりしない。

バブル経済が崩壊して以降、GDPの伸び率がそれ以前のように高くないことを指して、だから「自信を失いかけてきた」と考えているのだろうか。あるいは、日本企業の得意分野だったテレビをはじめとするいくつかの家電製品が、低価格競争に敗れて世界的なシェアを失ったことなどを指して「自信を失いかけてきた」と考えているのだろうか。

経済の盛衰とスポーツ選手の活躍は無関係である

少なくともスポーツの世界においては、バブル経済が崩壊した一九九〇年代以降、選手たちがそれ以前よりも自信を失ってしまった、などということはない。実際は、まったく逆だったと言える。

バブル経済が崩壊して以降、日本のスポーツ選手たちは、それ以前とは比較にならないほど厳しい国際競争の中で、結果を出し始めた。バブル経済によって「好景気」だった一九八〇年代までの日本では、想像もつかなかったような快挙が、次々に達成されたのである。いくつかの例を挙げよう。

- 一九九五年、野茂英雄《のもひでお》がドジャースで米大リーグデビュー、オールスター戦先発、新人王獲得。
- 一九九八年、サッカー日本代表、史上初のワールドカップ出場。中田英寿《ひでとし》がペルージャでイタリア・セリエAデビュー、開幕戦のユベントス戦で衝撃の二得点。
- 二〇〇一年、イチローがマリナーズで米大リーグデビュー、一年目で首位打者、盗塁王、MVPを獲得。
- 二〇〇二年、サッカー日本代表、日韓共催ワールドカップで史上初の決勝トーナメント進出。

五輪競技における日本選手も、一九八〇年代よりも九〇年代以降のほうが、はるかに目覚ましい活躍を見せている。

マラソンを例にとれば、九二年バルセロナ五輪で、男子では森下広一《こういち》が、女子では有森《ありもり》裕子《ゆうこ》が銀メダル。そして二〇〇〇年シドニー五輪では、高橋尚子《なおこ》が日本陸上界では六四年ぶりとなる五輪の金メダルを獲得している。また二〇〇三年には、世界陸上選手権の男子二〇〇mで、末續慎吾《すえつぐしんご》が、ハードル以外の短距離種目としては日本選手初となる世界大会銅メダルを獲得するといった、高度成長時代、あるいは「バブル経済」の八〇年代には考えられなかった快挙を達成している。

水泳のメダル獲得数を見ていくと、八四年ロサンゼルス五輪ゼロ、八八年ソウル五輪一個、九二年バルセロナ五輪一個、九六年アトランタ五輪ゼロと、ここまでは目立たない成績だったが、二〇〇〇年シドニー五輪四個、〇四年アテネ五輪八個、〇八年北京五輪五個、一二年ロンドン五輪一一個と、シドニー五輪以降は世界の強豪国の仲間入りを果たしている。

スポーツ界に関して言えば、日本が「自信を失いかけてきた」などということはない。むしろ、バブル経済が崩壊したあとに、本当の意味で、国際舞台での活躍が始まったのである。

五輪の開催目的は「オリンピズムへの奉仕」である

オリンピック憲章の精神に照らして考えるなら、五輪は、開催国の「再興」のためにやるわけではない。「成熟社会における先進的な取組を世界に示す契機」でもない。優れた大会運営をするために先進的な取り組みを採用することはあるかも知れないが、それを世界に示すために五輪を開催するわけではない。

五輪の開催目的は、オリンピズムへの奉仕である。オリンピズムの価値を認め、それを世界に広めるオリンピック・ムーブメントに協力する、ということだ。

オリンピズムとは何か。オリンピック憲章では「オリンピズムの根本原則」の最初に、次のように表現されている。

「オリンピズムは肉体と意志と精神のすべての資質を高め、バランスよく結合させる生き方の哲学である」

「肉体」と「意志」と「精神」を高める。そしてそれを、バランスよく結合させる。これを日本語の表現で言えば、「文武両道」という言葉が最も適切なのではないだろうか。

それは、高校野球の報道などでよく見られる、学力に優れた高校の生徒が甲子園に出場するといったような狭い意味合いではない。もっと広い意味で「肉体」と「精神」のバランスを取るという、言葉本来の意味での「文武両道」である。

また「オリンピズムの根本原則」では「オリンピズムはスポーツを文化、教育と融合させ、生き方の創造を探求するものである」とも説明されている。つまり、五輪におけるスポーツというのは、スポーツが単独で存在しているのではなく、常に、文化や教育との融合を目指しているのである。

「成熟した国家」が取るべき態度とは

さらに、オリンピズムの定義には、次のような項目もある。

「オリンピズムの目的は、人間の尊厳の保持に重きを置く平和な社会を奨励することを目指し、スポーツを人類の調和の取れた発展に役立てることにある」

「このオリンピック憲章の定める権利および自由は人種、肌の色、性別、性的指向、言語、宗教、政治的またはその他の意見、国あるいは社会のルーツ、財産、出自やその他の身分などの理由による、いかなる種類の差別も受けることなく、確実に享受されなければならない」

平和主義と、差別行為の禁止。国境を超えて尊重されているこうした態度を、スポーツを通して養うこと。こういったオリンピズムの根本原則を、五輪の場において実践して、世界に広く、その価値を伝えていく。これが、五輪を開催する意義ということになる。

こうしたオリンピズムを世界に広める活動が、オリンピック・ムーブメントである。

オリンピック・ムーブメントの活動は、本来的には、見返りを求めないものだ。実際、第一回の近代五輪、一八九六年のアテネ五輪は、寄付金と、ギリシャ政府が発行した記念切手の収益によってすべての経費が賄われている。近代五輪の創設者であるピエール・

ド・クーベルタンは、一八九六年から一九二五年までＩＯＣの会長を務めたが、事務局の経費や祝典費用を個人で負担していたため、在任中に事実上、破産していた（退任後、ＩＯＣは世界各国のオリンピック委員会などに呼びかけて寄付金を集め、晩年のクーベルタンに贈っている）。

もちろん、富豪からの寄付や、ＩＯＣ委員による持ち出しで五輪が運営されていた時代は、長くは続かなかった。一九一二年のストックホルム五輪では、すでにストックホルム市の補助金が投入されている。当時の五輪は、入場料収入と開催都市の補助金が主な収入源で、これに寄付金を加えた総収入によって収支のバランスを取ろうとしていた。それでもストックホルム五輪の場合は、参加国が二八カ国、参加選手数は二四〇七人、実施種目は一〇二種目という規模だったから、大会の収支が赤字にせよ黒字にせよ、それほど大きな金額にはならなかった。

一方、参加国は二〇〇カ国を超え、参加選手の枠は一万五〇〇〇人、実施種目は三〇〇種目を超え、最高レベルのテロ対策を行なう現在の五輪には、とてつもない経費が必要になる。それでも、五輪開催の原理がオリンピック憲章で定められている以上、開催都市の原理的な役割が変わることはない。その役割とは、安全性に影響を与えない範囲で経費の削減に努め、できる限り赤字が出ない運営を目指すことである。

また組織委員会の責務は、開催都市の市民にオリンピック・ムーブメントへの理解と協力を求めることである。組織委員会が市民に示すことのできる〝恩恵〟があるとすれば、それは、オリンピズムというクーベルタンが提唱した理想への奉仕によって、オリンピック・ムーブメントに貢献すること、いわば、オリンピックの歴史への参加そのもの、ということになるのだろう。

日本が先進国の仲間入りを目指していた時代であれば、「先進的な取組を世界に示す」ことに、国際的にも国内的にも意味があったかも知れない。一九六四年の東京五輪は、まさにそのような時代に開催された大会だった。日本が経済協力開発機構（ＯＥＣＤ）に加盟したのは、東京五輪が開幕する六カ月前、一九六四年の四月だったのである。そして、一ドルが三六〇円という時代だった。

二〇二〇年の東京五輪に、一九六四年と同じ意味合いを求めることはできない。二〇二〇年の東京が成熟社会であるなら、東京を世界にアピールすることより、オリンピズムへの奉仕という本来の役割に徹した、文字通りの成熟した態度で、開催に奉仕しなければならない。

では、二〇二〇年に向けて、具体的にどのような取り組みが考えられるのか。一九六四年には行なわれなかったことで、どのような取り組みがオリンピズムの実践につながるのか。「肉体」と「意志」と「精神」を高め、それをバランスよく結合させるというオリンピズムの根本原則を現在の日本スポーツ界に当てはめた場合、どのような取り組みがあり得るのか、考えてみたい。

オリンピズムの実践としての「文武両道」

五輪の存在意義として一般的に広く認知されているのは、オリンピック憲章「オリンピズムの根本原則」の二番目に掲げられている平和主義だろう。

実際のオリンピック・ムーブメントの中で、この原則を実践していくには、例えば、JOCが五輪に出場する選手に平和主義教育を行なう義務があるのかも知れない。平和を理解するには、まず、世界の紛争を理解しなければならない。五輪出場に際して、現在の世界で起こっている紛争の歴史的な経緯と現状について、選手たちに理解を促す。そのような活動から始めるべきではないか、ということも考えられる。そして「オリンピズムの根本原則」の六番目に掲げられた差別撤廃についても、現在、世界的にどのような運動が行なわれているのか、選手に歴史と現状を理解させたうえで、五輪に送り出すべきかも知れない。

しかし、こうした取り組みを行なっていくうえでも、その前提になるのが、オリンピズムの根本原則「1」に書かれていること、すなわち、日本語で言い換えた場合の表現である「文武両道」である。そのための仕組みを、どう実現していくのか。これが、大きなテーマではないだろうか。

実は、二〇二〇年の東京五輪を意識したものではなかったが、すでに、新しい取り組みを始めている競技団体がある。全日本学生柔道連盟だ。

二〇一三年、女子代表監督の選手に対する暴力問題が明らかになった時、全日本柔道連盟の中に「暴力の根絶プロジェクト」が組織され、暴力根絶のガイドラインが作成された。この時期に全日本学生柔道連盟は、一学年ごとに「一定の単位を取得していない大学生は出場停止にする」という改正案を決定し、二〇一五年から実施されている。

一九八四年ロサンゼルス五輪の金メダリストで、全日本柔道連盟の理事でもある山下泰《やす》裕《ひろ》氏は「指導者及び保護者の意識改革も求めたい。文武両道を意識してほしい」と語っている。新しい制度の内容は、大学一年で二〇単位、二年で四〇単位、三年で七〇単位を取得していない学生は学柔連主催の大会には出場できない、というものだ。

山下氏は東海大学の副学長兼教授で、体育学部長でもある。また全日本柔道連盟の「暴力の根絶プロジェクト」のリーダーでもあった。指導者の暴力という問題は、言葉による指導力の欠如から起こる面もあることを考えると、現役時から学業に手を抜けない環境をつくることは、指導における暴力問題の解決に向けても、それなりの意味があると考えられる。

日米のスポーツ環境の違い

全米大学体育協会（ＮＣＡＡ）では、地区や大学によって違いはあるものの、試合に出場するには、入学後に単位を取得するだけでなく、学業成績にも一定の条件がある。四点満点のGPA（欧米の大学などの成績評価値）が一・八を下回ると出場停止、というあたりが標準のようだ。実際、これで出場停止になる選手はいる。

こうした制度が定着している米国でも、スポーツ選手が学業そっちのけになる傾向は、やはり否定できない。結果的に、成績の不正操作という問題も起きている。日本の柔道界でも同様の問題は起こり得る。それに対する対応策などは今後の課題になりそうだ。

米国では、卒業する選手を増やすため、あるいは在学中の選手の成績を上げるため、監督とインセンティブ契約を結んでいる大学も少なくない。米国プロバスケットボールNBAのドラフトで毎年のように一巡目指名の選手を出している強豪、ケンタッキー大学バスケットボール部の監督は、七五％以上の選手が無事卒業した場合には五万ドル（約五〇〇万円）のボーナスを受け取る契約になっていた。ジョージメイソン大学のバスケットボール部では、チーム全員のGPAが三・〇を超えると監督がボーナスを得る。選手たちの大半が、大学を出たら一般社会で生きていくのは米国も同じだ。監督がチームの勝利だけでなく、選手が学業にも取り組むよう促す仕組み作りに、大学は心を砕いていることがうかがえる。

学校の部活動が選手育成機関となっている日本のスポーツ界では、中学校あたりから、部活動がしばしばフルタイムの職業のようになってしまう。高校になると、全国優勝を目指すレベルの学校では、一年中、監督が選手の時間を管理していることは珍しくない。休みは年間二日程度、毎朝六時に自宅を出て朝練習、疲れ切って帰宅は夜の一〇時……といった部活動も珍しくない。自宅で勉強する時間を取ることなどできない生活を、一年中強いることが許されているのである。このような生活の強制は、文部科学省からも、全国高校体育連盟からも、日本高校野球連盟からも、実質的には黙認されている。

参考までに言及するなら、NCAAに加盟している大学では、監督が選手をコーチしてよい期間が規制されている。

バスケットボールを例にとれば、無制限にコーチできるのはシーズン中だけで、シーズン前の約一カ月半、いわゆるプレシーズンの時期には「一週間に八時間だけ」という制限がある。それ以外の時間、選手たちは個人でトレーニングを積む。レギュラーシーズン後のプレーオフを含めても、年間の活動期間は約七カ月である。少なくとも規則上、高いレベルでプレーしながら、学業とバランスを取る道が制度として選手に与えられていると言える。

前述のように、米国でもスポーツの得意な生徒が学業そっちのけになって、それを学校の教師も親も黙認している現実があることは、実話に基づいた高校バスケットボールの映画「コーチ・カーター」（二〇〇五年）などで描かれている通りだが、それでも、スポーツチームの活動はシーズンによって区切られていて、ひとつのスポーツのために一年中活動するということはない。

これに対して日本の学生スポーツは、一年中、監督が選手に長時間練習を強要することが許容されている。こうした現状は、才能があっても、学業のためにスポーツを辞めてしまう学生を生み出す可能性もあって、少子化の時代においては、スポーツ界にとっても損失であるはずだ。

オリンピズムの実践としての「文武両道」を可能にする制度を、整えていく。こういった取り組みが日本のスポーツ界で行なわれていくなら、「成熟社会」において開催される二度目の東京五輪に、ひとつの開催意義が加わるのではないだろうか。

文武両道とは、学力の高低ではなく社会貢献である

日本のメディアで「文武両道」という言葉が使われる時、それはしばしば、学力の高い若者が、スポーツでも高いレベルでプレーすることを意味している。国立大学にたくさんの合格者を出している高校が甲子園に出場した場合や、京都大学からドラフト二位指名で千葉ロッテに入った田中英祐《えいすけ》投手のような選手に対して、この表現が使われている。

だが本来、文武両道の実践に、学力の高低は関係がないはずだ。学力が高くないとできないことは確かにあるが、学力とは関係なく、スポーツをやっている人々も、成人したあとは社会に出て生活していくことに変わりはない。社会に出れば、仕事に就いたり、物を買ったり、選挙で投票したり、さまざまな形で社会とかかわっていく。その中で、よりよく社会とかかわっていくために、言い換えるなら、よりよく社会に貢献していくために、広い意味で、さまざまな知識を学んでいく必要がある。

「肉体と意志と精神のすべての資質を高め、バランスよく結合させる」というオリンピズムの表現にならって考えるなら、文武両道とは、よりよく社会に貢献していくために体を

強靭《きょうじん》にしていくこと、そして知識を学んでいくこと、その両方を行なっていく生き方そのもの、と言っていいのではないだろうか。

そういった、広い意味での文武両道を実践していくにあたって、日本の教育制度には、さまざまな課題があることは間違いない。

高梨沙羅《さら》は、なぜインターナショナルスクールを選んだのか

スキージャンプ女子の第一人者、高梨沙羅は、北海道旭川市のグレースマウンテン・インターナショナルスクールに通っていた。インターナショナルスクールは通常、日本に住んでいる外国人家庭の子供が通う学校で、多くの授業は英語で行なわれている。日本人も通うことはできる。

高梨はなぜ、日本の高校ではなく、インターナショナルスクールに通っていたのか。それは、英語を学びたいという本人の希望だけでなく、日本の高校では、高梨の練習環境や、競技スケジュールに合わせて通える学校がなかった、ということも、理由のひとつだったらしい。中学三年生の時にはすでに日本のトップ選手だった彼女の場合、試合のための海

外遠征や、日本代表合宿のスケジュールを考えると、普通の高校ではほとんど通学できない。このため、文部科学省の指導要領に縛られることなく、生徒一人一人の事情に合わせたカリキュラムを組むことができるインターナショナルスクールを選んだようだ。

高梨は、インターナショナルスクールに入って四カ月後の二〇一二年八月に高卒認定試験に合格して、日本の大学を受験する資格は取得した。その後、日本体育大学に進学している。彼女のように高校生年代でワールドクラスの選手になってしまうと、教育と競技生活をどのように両立させていくかは、誰にとっても大きな問題だ。高梨の場合は、通常は外国人が通う学校に入ることで、自分の道を見出したわけだ。

高校だけでなく、大学も含めて、日本の教育制度には、こうした独自の事情を抱えた若者たちを、彼らのペースに合わせて受け入れる体制が、整っているとは言えない。

米国の一〇代のトップ選手たちを見ていくと、それぞれの事情に合わせた形式で教育を受けている。

高梨と同じ冬の競技の選手で言えば、長野五輪のフィギュアスケートで銀メダルを獲得したミッシェル・クワンは、五輪出場当時で一七歳だった。彼女の場合は、中学二年生から高校を卒業するまで、「ホームスクール」と呼ばれる、家庭訪問教育制度で学習していた。学校に通うのではなく、教師のほうが自宅に来てくれるわけだ。この制度を利用して高校を卒業したあとは、カリフォルニア大学ロサンゼルス校に一年通い、二一歳で出場したソルトレークシティ五輪で銅メダル。さらにその後、出場はできなかったが、トリノ五輪を目指して二五歳まで現役を続けた。現役を引退したあとは、デンバー大学に転校して二八歳で卒業。その後は、タフツ大学の大学院で国際関係論を専攻、修士号を取得した。そして二〇一二年一二月、三二歳で国務省の顧問に就任している。

医師や弁護士になった五輪メダリスト

米国のような家庭訪問教育がいいかどうかは、議論の余地があるだろう。だが少なくとも、日本においては、学ぶ意欲のある若いスポーツ選手が、「みんなで一斉に授業を受ける」という教育環境によって、スケジュールを合わせることができず、苦労していることは間違いない。

また、高いレベルの知識が要求される医師や法律家といった職業の場合、米国では、大学を卒業した成人が、メディカルスクールやロースクールを受験して、そこから本格的に学習を始める制度になっている。つまりメディカルスクールやロースクールは、日本で言えば、四年制大学の学部を卒業したあとの大学院に相当することになる。メディカルスクールやロースクールに進学する時の年齢も、さまざまだ。高度な知的職業の専門教育は、大学を卒業してから始める、ということになっているわけだ。

また大学自体が、学生それぞれの事情に対応している。長い年数をかけて卒業する学生もいれば、ミシェル・クワンのように、途中で大学を替わって、入学した大学と卒業した大学が違うという学生も珍しくはない。

このような教育制度のもとで、米国では、五輪のメダリストから、現役引退後に医師になったり弁護士になったりした選手たちが、ずいぶん出ている。

冬季五輪の選手で言えば、古くは一九五六年コルチナ・ダンペッツォ五輪の女子フィギュアスケートで金メダルを獲得したテンリー・オルブライトが、五輪終了後、ハーバード大学のメディカルスクールに進学して外科医になっている。同じく女子フィギュアスケートの選手で、八八年カルガリー五輪で銅メダルを獲《と》ったデビー・トーマスは、やはり五輪のあと、ノースウェスタン大学のメディカルスクールに通って整形外科医になった。

スピードスケートの選手では、八〇年レークプラシッド五輪で史上初のスピードスケート五種目完全制覇、金メダル五個という偉業を達成したエリック・ハイデンが、二一歳の若さで競技を引退すると、西海岸きっての名門スタンフォード大学のメディカルスクールに進んで、やはり整形外科医になっている。

夏季五輪の選手では、最近の例として、九二年バルセロナ五輪の水泳女子一〇〇m自由形の銀メダルをはじめ、合計四回の五輪出場で、リレー種目で合計八個の金メダルを獲得したジェニー・トンプソンを挙げることができる。トンプソンはコロンビア大学で医学を学んだあと麻酔医になっている。彼女の場合は、二七歳で出場した二〇〇〇年シドニー五輪終了後、〇一年にコロンビア大学のメディカルスクールに入学した。当初、本人は現役を引退したつもりだったが、第一年次を終了した時点で競技を再開、〇二年に二九歳で米国代表チームに復帰すると、この年の八月、日本の横浜市で開催されたパンパシフィック選手権に出場、五〇m自由形では自己ベストのタイムを記録して優勝した。そして〇三年の世界選手権では一〇〇mバタフライで金メダルを獲得すると、メディカルスクールを休学して〇四年のアテネ五輪に出場した。三一歳で出場したアテネ五輪では、個人種目では一〇〇mバタフライの五位が最高だったが、四〇〇m自由形リレーと四〇〇mメドレーリレーではそれぞれ銀メダルを獲得。その後、メディカルスクールに戻って、三三歳で卒業している。

同じ水泳選手の五輪メダリストで、現役引退後、弁護士から法学大学院の教授になった例もある。八四年ロサンゼルス五輪の女子一〇〇m自由形で金メダル、二〇〇m個人メドレーでも銀メダルを獲得したナンシー・ホッグスヘッドは、大会終了後、ジョージタウン大学のロースクールに進学して弁護士になった。フロリダ州ジャクソンビルの法律事務所で働いたあと、二〇〇一年から一三年まで法学大学院「フロリダ・コースタル・スクール・オブ・ロー」の教授を務めた。スポーツにおける男女平等問題の専門家であり、現在はスポーツにおける女性の権利擁護を目的としたNPO「チャンピオン・ウィメン」の代表をつとめている。

若いスポーツ選手が、学業と競技をどのように両立させていくか、そのための仕組みの研究および構築は、日本のスポーツ界にとって大きな課題だと思われる。

外国語を習得するトップレベルの選手たち

トップレベルのスポーツ選手にとって教育制度の自由度が低い中、日本の選手たちが独自に取り組み、実践している文武両道のひとつに、外国語の習得を挙げることができる。

スポーツファンにはよく知られていると思うが、トップレベルの選手の中には、外国語に堪能な人が時々いる。卓球の福原愛の中国語や、スノーボードのソチ五輪銀メダリスト、竹内智香《ともか》のドイツ語などは、初めて聞いた人はちょっと驚くだろうと思う。またテニスの錦織圭《にしこりけい》やゴルフの宮里藍《みやざとあい》は流暢《りゅうちょう》な英語を話すし、欧州でプレーしているサッカー選手の中には、川島永嗣《えいじ》をはじめ、プレーしている国の言葉を話せる選手がいることも、比較的よく知られている。

文部科学省は二〇一三年に、英語教育を小学校三年から始める方針を打ち出している。有識者会議からの報告にも「グローバル化の進展の中で、国際共通語である英語力の向上は日本の将来にとって極めて重要である」と書かれていて、東京五輪が開催される二〇二〇年を見すえて英語教育の改革を実施していくべきであるとしている。

外国語の教育をどのようにやるべきか、具体的な議論は専門家に任せる以外ないが、語学が得意なスポーツ選手たちを見ていると、外国語を習得するうえでの共通したポイントについて、ある程度、理解できるようにも思える。

第一のポイントは、競技力を向上させるにあたって、その外国語をどの程度必要としているか、ということだ。また、外国語を話すことで獲得した生活環境の中で、競技力向上の手応えを感じているかどうかも重要に思える。

福原の場合は、子供のころから卓球王国・中国の選手や指導者と触れ合う中で、中国語に親しんだ。そして一六歳から二年間、中国の国内リーグでプレーしたことが上達の機会になったという。

竹内の場合は、さらに興味深い。竹内は、二度目の出場だった二〇〇六年のトリノ五輪で九位になったあと、「それ以上の成績を収めて、納得して現役生活を終わりたいなら、強豪国スイス代表の練習に加えてもらう以外にない」という結論に達した。当時二三歳だった。片言の英語以外は話したこともなく、語学が得意なわけでもなかったという。

スイス代表のコーチに相談してみると、スイス代表に参加するにはドイツ語を話せることが条件ということだった。マイナースポーツゆえ、競技生活を送るための資金が潤沢にあるわけでもない。学習のための経費をできるだけ抑えながら、ドイツ語を習得しなければならなかったが、竹内は、普通ならあまり思いつかないようなやり方で、この問題を解決した。一般の家庭で、住み込みでベビーシッターを求めている家を見つけ、雇用主である母親からドイツ語を教わることにしたのである。住み込みだっただけに、掃除、洗濯、食器洗いといった雑用もいろいろとやることになって、苦労もあったことを自著『私、勝ちにいきます』（小学館）の中で明かしている。それをやり抜くことができたのは、自分の人生がここにかかっている、という思いがあったからだ。

成長への熱意があって、成長のために外国語が必須の条件であれば、結果として外国語習得をも乗り越える。そういうものなのだろう。

五輪選手と社会貢献

社会とのかかわり、社会への貢献という側面から「文武両道」を考えると、学校で学ぶこと以外に、現実の社会問題について学ぶこともその中に含まれるはずだ。

例えば、東日本大震災や熊本地震のような国家レベルの大災害に対して、オリンピックを目指す選手として何を理解し、どのような態度を取るべきなのか。オリンピズムの実践として、思索を深めていかなければならない。

復興庁の調査によると、東日本大震災からほぼ五年が経過した二〇一六年二月の時点で、家を失った人々が入居する復興住宅（災害公営住宅）の完成率は、五一・二％だった。一方、二〇二〇年東京五輪に向けた、新国立競技場を含む新しい施設の建設計画は、二〇一五年からすでに始まっている。復興住宅がすべて完成する前に施設の建設が始まるわけで、建設労働者の不足は大きな課題だ。

こうした状況の中で政府は、外国人労働者の受け入れを拡大する方針を打ち出した。菅《すが》義偉《よしひで》官房長官は二〇一四年一月の閣僚会議で「即戦力となり得る外国人材の活用を拡大していくことがきわめて重要だ」と語った。二〇二〇年までの時限的な措置だが、いろいろと懸念される点も少なくない。危険の多い建設現場で言葉の問題はないのか。あるいは、外国人労働者の子供たちが、日本語を理解できないまま日本の学校に入らざるを得ず、学校側も対応に苦慮するという問題は、工場労働者として来日した外国人の多い地方都市ではすでに起こっていることだ。

こうした懸念に対して、東京五輪を招致した東京都やＪＯＣは対応する責任を負っている。なぜなら、二〇一五年以降に建設需要が高まっていくのは、東京五輪を招致した結果だからである。

しかし、このような建設労働者の問題に対して、スポーツ界にどのようなことができるか、といった議論を、スポーツ界の内部から聞くことはほとんどない。自分たちが競技を行なう競技場に対して要望を出すことはあっても、その建設現場で、どのような問題があるのかといったことに対しては、過去にもあまり関心を示してこなかったように思う。

五輪競技の有力選手には知名度があり、知名度にともなって、情報を伝えるパワーを持っている。例えばツイッターやフェイスブックを活用した、情報を広めるパワーひとつとっても、有力選手は、一般の国民より、はるかに大きなパワーを持っている。選手たちが建設現場の問題に関心を持ち、問題のアピールに取り組むなら、少なくとも、五輪会場の建設現場で何が起きているのか、そこで働いている人々が抱えている問題は何なのか、そういったことを広くスポーツファンに知ってもらうことはできるはずだ。

ＪＯＣは東京五輪を目指す選手たちに、こうした問題に関する教育をするべきかも知れない。現場で働く労働者から、選手たちが直接、話を聞くイベントなどを開催すれば、メディアも集まって、建設現場の現実を広く知らしめる機会になるだろう。そういった活動は、オリンピズムの実践のひとつになるのではないだろうか。自分たちの「夢の舞台」を造ってくれる人たちに、そのような形で敬意を表す機会があっても、いいように思える。

オリンピズムの根本原則から考えれば、選手は、五輪開催と関係している問題に、すべからく関心を持つべきである。オリンピックとは本来、そのような大会なのだ。

「五輪より保育園」という声に、どう向き合うのか

二〇一六年三月、働きたいのに子供を保育園に預けられない母親たちの怒りが爆発して、保育園問題がクローズアップされた。国会で、匿名のブログ「保育園落ちた」を読み上げた民主党（現・民進党）山尾志桜里《しおり》議員に対して浴びせられた与党議員からのヤジが、怒りをさらに増幅させ、国会でもメディアでも議論が沸騰する事態となった。

議論に火をつけた匿名のブログの中には、次のような一文もあった。

「オリンピックで何百億円無駄に使ってんだよ」

この一文は、東京五輪に向けて税金がムダに使われているという見方をしている国民が、少なからずいることを反映していた。

話を分かりやすくするため、東京都の税金に絞って考えて見ると、次のような議論は成立するように思う。

二〇一六年一月に建設業者による入札が終わったオリンピックアクアティクスセンター（水泳会場）、有明アリーナ（バレーボール会場）、海の森水上競技場（ボート、カヌー会場）という三つの競技会場は、いずれも東京都の税金で建設されるもので、東京五輪がなければ建設される見込みのなかったインフラである。三会場の総工費は、大会後の改修費なども含めると約一五七八億円となっている。その一方で、保育人材の確保、育成、定着のための東京都の予算は、二〇一六年度で二〇三億円だった。

ＩＯＣの調査によれば、二〇一三年、五輪招致に対する東京都民の支持率は七〇％だった。つまり三〇％は支持しない人たちがいたわけで、その後、新国立競技場の問題やエンブレムの問題を経て、支持しない人たちの割合はもっと増えているかも知れない。支持していない人たちにとってみれば、五輪のための競技会場を造るより、保育のための予算をもっと増やして、保育士の育成と定着が促進されれば預けられる子供も増えるのだから、東京都の税金はそちらに回すべきだ――そう考えるのは理解できる。

五輪開催より保育環境を整備してほしいという働く母親の悲痛な叫びに、五輪の組織委員会はもちろん、東京五輪を目指す選手たちも耳を傾けなければならないはずだ。そして五輪の経費について学び、選手の立場から削減のための工夫について語ることは、こうした「東京五輪のために税金がムダに使われている」という声に対する、ひとつの取るべき態度のように思える。あるいは、保育にまつわる国の予算や、地方自治体の税金配分について学び、保育の問題を解決する道筋について自分の意見を持つというのも、五輪を目指す選手としての、文武両道の実践なのではないだろうか。

五輪憲章は、オリンピズムについて「社会的な責任、さらに普遍的で根本的な倫理規範の尊重を基盤とする」と定めている。五輪選手は、社会的な責任を自覚して、倫理規範を尊重しなければならないのである。

政府基本方針の中には、一九六四年の東京五輪では「新幹線、首都高速道路、ごみのない美しい街並みなど、現在にも残る数々の遺産（レガシー）が生み出された」とある。高度成長時代の五輪のレガシーは、主にこのようなインフラストラクチャーだった。

二〇二〇年の東京五輪においては、オリンピズムの実践としての、文武両道の文化を構築することができないものだろうか。

第二章　オリンピックは「国同士の争い」ではない

〈政府基本方針〉「メダル獲得へ向けた競技力の強化」(抜粋)

公益財団法人日本オリンピック委員会及び公益財団法人日本障がい者スポーツ協会日本パラリンピック委員会の設定したメダル獲得目標を踏まえつつ、日本人アスリートが、大会において最高のパフォーマンスを発揮し、過去最高の金メダル数を獲得するなど優秀な成績を収めることができるよう、トップアスリート及び次世代アスリートの育成・支援のための戦略的な選手強化、競技役員など国際的に活躍できる人材の育成、スポーツ医・科学、情報分野の多方面からの専門的かつ高度な支援体制の構築に努める

〈オリンピック憲章〉
第1章6　オリンピック競技大会
1．オリンピック競技大会は、個人種目または団体種目での選手間の競争であり、国家間の競争ではない。

メダルは国家のものではない

五輪のたびに、国別メダル獲得ランキングというものがメディアに掲載される。これは一般的なスポーツファンの興味に答えるもので、「国別で見た場合、メダルの数はどうなっているのか」と思うのは、自然に湧《わ》いてくる興味といっていい。

つまり、メダル獲得数といったデータは、メディアがスポーツファンのために（あるいは、もっと広く一般国民のために）情報として提供するのであれば問題はないだろう。そこから、よく知らない外国に興味を持ったり、その国を理解するきっかけになったりする可能性もあるように思う。

だが、政府がメダルの獲得数を重要視するとなると、話は違ってくる。

政府は、国家としてのメダル獲得数の目標など、掲げるべきではない。理由はいくつかあるが、第一に、それはオリンピック憲章の精神に反しているからである。

オリンピック憲章第1章6項1には「オリンピック競技大会は、個人種目または団体種目での選手間の競争であり、国家間の競争ではない」とある。

また、第5章57項において、ＩＯＣと大会の組織委員会は「国ごとの世界ランキングを作成してはならない」とも定めている。これはつまり、大会組織委員会が国別のメダルランキングなどを作成して、国と国の競争を助長するようなことをしてはならない、ということだろう。

五輪は個人と個人の競争である。言い換えるなら、メダルも個人に対して与えられる。団体競技であっても、優勝するのはチームだが、メダルは個人に一人一人の業績として与えられる、ということになる。

つまり、メダルは国家のものではない。ということは、国家が目標としてメダルの獲得数を掲げるなどという行為は、原理的に言って、オリンピック憲章に違反していると、言わざるを得ないのではないだろうか。

スポーツにおける政府の役割は、健康維持や地域住民の交流といった利益のために、国民がスポーツを楽しめる環境を整えることのはずである。トップ選手に対しても、その活動をサポートすることが役割であって、目標を掲げて選手にノルマを与えるというのは、政府の役割を逸脱している。

五輪とナショナリズムとの「戦い」の歴史

ピエール・ド・クーベルタンは、五輪を創設した当初から、大会にナショナリズムが持ち込まれることを警戒していた。

例えば、五輪の表彰式で国旗が掲揚され、国歌が流れるのは当たり前のことだと思ってしまいがちだが、そうではない時代もあった。一八九六年の第一回アテネ五輪から、一九〇四年の第三回セントルイス五輪まで、選手たちは「国の代表」ではなく、個人や所属チームの資格において参加していた。

現在のように、国ごとにオリンピック委員会が設立され、それぞれの国で代表選手を決めて参加するようになったのは、第四回大会、一九〇八年のロンドン五輪からだった。この大会から、開会式の入場行進も、現在のように、国ごとに国旗を持って行なわれるようになった。

そしてこのロンドン五輪は、国同士の対抗心が露《あらわ》になった最初の大会だったと言える。

当時はまだ、開催の方法も大会ごとに異なっていて、具体的なことは開催都市の組織委員会が大筋を決めていた。この大会では、上位三選手にメダルが授与されただけでなく、競技成績によって国ごとにポイントが与えられ、獲得したポイントによって、いわゆる総合優勝国が決まるという仕組みが採用された。だが、そのような仕組みを公平性を持って実現するには、当時の大会運営はまだ成熟度が足りなかった。なにしろ競技の審判が、すべて開催国の英国から出ていたのである。

国ごとのポイント争いでは、米国と英国が、激しい戦いを繰り広げることになった。中でも陸上競技はトラブルの連続だったが、両国の対立がピークに達したのは四〇〇mだった。

当時の四〇〇mはオープンコースで行なわれていた。最終コーナーを回ってホームストレートに入った時、米国の二選手がリード、英国の選手が三番手につけていた。そして英国の選手が追い上げ、米国の選手に並んだ時、審判団が米国選手の走路妨害を宣告して、レースを止めてしまったのである。米国側は抗議したが、審判団は二日後に三人で再レースという措置を決めた。米国側はこの判定を不服として再レースをボイコット、再レースは英国選手が一人で走って優勝するという形になった。

この四〇〇mのあと、大会の役員を招待した英国政府主催のレセプションが開催された。その席上、クーベルタンの行なった演説が、その後、長く語り継がれることになる。

クーベルタンは、大会期間中にセントポール大聖堂で行なわれたミサで、米国ペンシルバニア州のエチュルバート・タルボット主教が行なった「オリンピックで重要なことは、勝利することより、むしろ参加したということであろう」という説教を引用して「人生において重要なことは、成功することではなく、努力することである。本質的なことは、征服したかどうかではなく、よく戦ったかどうかである」と語った。のちに、タルボット主教の説教を引用した部分がクーベルタンの言葉として（「オリンピックは参加することに意義がある」と、さらに意訳されて）語り継がれるようになったが、いずれにしても、この当時から、五輪にはナショナリズムの問題がついて回るようになった。

「国旗・国歌廃止案」は共産圏諸国に阻まれた

しかしＩＯＣも、ナショナリズムの問題をただ放置していたわけではなかった。

もともとクーベルタンは、独立した国家の協調、連帯を重んじる国際主義（インターナショナリズム）を重要視していた。排他的な愛国主義ではなく、祖国に対する愛情と、人類に対する愛情の均衡を目指す考え方であり、ナショナリズムというものが、適切に表現されることを重要視していたのである。

クーベルタンの時代から一九七〇年代までは、会長が代わっても、ＩＯＣの性格はそれほど大きく変化しなかった。「ミスター・アマチュアリズム」と呼ばれ、一九五二年から七二年まで会長をつとめたアベリー・ブランデージは、その任期中、ＩＯＣ総会やＩＯＣ理事会において、表彰式での国旗、国歌の廃止、あるいは国歌を五輪ファンファーレに代替する提案を再三、行なっている。そして六三年のＩＯＣ総会においては、国歌を五輪ファンファーレに替えるという提案に対して、規約の変更に必要な三分の二の賛成こそ得られなかったものの、賛成二六票、反対二六票という、半数の賛成を得るところまでこぎつけたことがある。

ブランデージのあとを受けた会長のロード・キラニンも、この点の考えは同じだった。彼は七三年五月、すべてのＩＯＣ委員に対してひとつの回状を送っている。その回状の中で、過去にＩＯＣの歴史の中で、国歌をオリンピックファンファーレに、国旗をオリンピック旗に置き換えるべきであるという意見が、たびたび提起されてきたことに触れている。また、国歌の歌詞の多くは政治的な性質を帯びていることを指摘して、それを表彰式で使用することは「五輪は国家間の競争ではない」と定めるオリンピック憲章に抵触することになり、五輪においてナショナリズムを高揚させる原因になっているとしたうえで、IOC委員からの意見を求めている。

しかし、このキラニンの問いかけに対しては、七三年九月三〇日から五日間、ブルガリアのヴァルナで開催されたオリンピック・コングレスで、七人の発言者から反対の意見表明があり、反対派が多数を占めて、国歌と国旗の廃止は実現しなかった。

この時、反対意見を表明した七人は、チェコスロバキア、ハンガリー、ポーランドのオリンピック委員会会長、および東ドイツ、ブルガリアのオリンピック委員会副会長といった、すべて東側共産圏諸国からの出席者だった。

冷戦下にあった当時、東側諸国にとって五輪は、共産主義体制の優位性を証明するひとつの舞台として重要視され、選手たちは国家の予算によって育成されていた。五輪で国歌が流れ、国旗が掲揚されることは、その目的を達成するうえで必要とされていたことだったと言える。ブランデージとキラニン、二代にわたるＩＯＣ会長の意向が実現しなかった背景に、こうした冷戦下の世界情勢が影響していたことは間違いない。

キラニンは、回想録の中で「式典のさいには国旗、国歌の使用を止めようという私の意見についてくる人は、ＩＯＣにはまったくいないのである」と書いている。実現はしなかったものの、ＩＯＣの歴史の中で、五輪は国家間の競争ではなく個人と個人の競争であるという理念を、競技場で具現化しようとした会長がいた事実は、オリンピック憲章の条文とともに、よく認識しておきたい。

その後、西側諸国の多くがボイコットした八〇年モスクワ五輪において、西側から参加した国（英国、フランス、イタリアなど）の中には、表彰式で、国旗ではなく五輪旗を使用した選手が実際にいた。

オリンピック憲章の「国家間の競争ではない」という理念は、参加国の思惑に翻弄《ほんろう》されながらも、ＩＯＣの中に理念を大会に反映させようとする一定の勢力は存在していて、完全に空文化していたわけではない、と言っていいだろう。

冷戦時代の東側諸国のような、政治的な意図をもって五輪に参加していた国々はもちろんのこと、西側諸国においても、放っておけばナショナリズムの高揚が排他的な様相を呈することは珍しくない。その意味で、一九〇八年のロンドン五輪から、五輪におけるナショナリズムのあり方は、それほど進歩したとは言えない。

だからこそ、さまざまな政治的な事情の中で、五輪の大会組織委員会、開催都市、そして開催国は、ナショナリズムが排他的なものとならないように、参加する選手にも、テレビ観戦を含めた観客にも、他国への関心と敬意が問われる機会として、五輪というイベントを機能させなければならない。

そのためにも、政府が自国のメダル獲得数の目標を掲げるなど、やってはならないことだ。目標を決める権利があるのは、結局のところ、選手と、選手をよく知るコーチだけである。

同じことはメディアにも言える。衛星放送が普及した二〇〇〇年のシドニー五輪において、高橋尚子の女子マラソンの金メダルなど、日本が獲得メダル数を一八個と伸ばして以来、五輪報道の大半は、日本選手のメダリストに関する報道になった。一九九六年のアトランタ五輪までは、世界のトップアスリートについての報道の割合が、二〇〇〇年以降に比べれば、相対的に多かったように思う。

メディア報道が自国中心になることは仕方ないとはいえ、「五輪は国家間の競争ではなく、個人と個人の競争である」という理念を意識するならば、日本選手のメダリストをとりあげる場合でも、対戦相手の選手について目配りして、より深く理解したうえでの報道を行なうことも可能ではないだろうか。

金メダル数は、五輪における成果の基準なのか?

オリンピック憲章の条文を重んじることなく、五輪を単なる巨大スポーツイベントと考えているかのような政府関係者らの言動は、ほかの場面でも、いくつか見てとることができる。

二〇一四年一月二八日、組織委員会の森喜朗《よしろう》会長が首相官邸を訪ねた時、安倍晋三首相は森会長に、次のように話したという。

「ロンドンオリンピックでは日本より人口の少ないイギリスが二九個の金メダルを獲得した。東京大会で日本選手団にはそれ以上の金メダルを獲ってほしい」

これに対して森会長は、そのためには強化費がもっと必要だと訴え、安倍首相は、政府としても選手強化に取り組む考えを示したという。

こうした首相の発言が、あたかも何の問題もないものであるかのように、単なる事実として報道されている。これが一般市民の発言であれば、とりたてて問題はないだろう。だが、税金の配分に対して権力を持つ政治家の発言となると、これはふたつの意味合いで、いささか問題があると言わざるを得ない。

ひとつは、すでに条文を示した通り、「五輪は国家間の競争ではない」と定めたオリンピック憲章に反していること。もうひとつは、五輪における成果として、金メダル数がその基準になり得るという、きわめて世俗的な物差しが、政府によって称揚されているということだ。

五輪における成果の基準として金メダル数を指標とする考え方は、まずもって、五輪における成果というものを、あまりにも単純化している。単純な金メダル数の比較は、世俗的な娯楽としてはひとつの楽しみ方ではある。しかし、その国のスポーツ界が世界的にどれだけの卓越性を持っているかといった、より実情を反映した評価を下そうとするなら、例えば、金メダルの数より、世界に広く普及していて競争のレベルが高い競技において、どれだけメダルを獲っているかを見たほうが、ずっと意味がある。

分かりやすい例を挙げるなら、例えばブラジルは、二〇〇八年北京五輪で三個の金メダルしか獲っていない。これは、金メダルランキングでは世界の一九位タイに過ぎなかった。これに対して、開催国の中国は五一個の金メダルを獲得して、北京五輪における世界最多を記録していた。

しかし、サッカー、バスケットボール、バレーボールという、加盟国数が二〇〇を超え、世界中でプロリーグが行なわれている世界三大球技の成績を見ていくと、ブラジルはバレーボール男子が銀メダル、女子が金メダル。サッカーは男子が銅メダル、女子が銀メダルと、四個のメダルを獲得している。これに対して中国は、バレーボール女子の銅メダル一個だけだった。

ブラジルはこの大会で、夏季五輪の花形というべき陸上競技でも、女子走り幅跳びで金メダルを獲得していたが、中国は、陸上競技で金メダルは獲っていない。世界的に普及したメジャースポーツにおいては、中国よりブラジルのほうが、優れた成績を挙げているのである。

メダル大国＝スポーツ大国ではない

つまり、五輪でメダルをたくさん獲得したとしても、それは「メダル大国」ということであって、必ずしも「スポーツ大国」を意味するわけではないということだ。

サッカー、バスケットボール、バレーボールといった世界的なメジャースポーツでは、国家が税金を注ぎ込んで、代表レベルのトップ選手だけを強化しても、安定した強豪国にはなれない。国内でその競技を普及させ、競技人口を増やしてピラミッド型の選手育成システムを作り上げ、国内リーグを充実させる必要がある。「やるスポーツ」としての普及はもちろん、「見るスポーツ」としての人気の向上も絶対条件になる。お金を払って見る観客がいなければ、国内リーグは成立しないからだ。

そのためには、多くの人々が、その競技の基本的なルールを知っている必要がある。そういった条件が整って、国内リーグや代表チームが歴史を重ね、いわゆる「スポーツ文化」というものが育っていくわけだ。それには時間がかかる。いかに国家が集中的に税金を注ぎ込んでも、意図的に作り出すことはなかなかできない。

その意味でブラジルは「メダル大国」ではないものの、間違いなく世界的な「スポーツ大国」だと言える。

サッカー、バスケットボール、バレーボールの世界三大球技すべてで強豪国という国は、実は非常に少ない。

第二次世界大戦後に限って見た場合、サッカーの男女ワールドカップで三位以上、バスケットボールとバレーボールで男女とも五輪でメダルを獲ったことがある――この条件を満たしている国は、世界中でブラジルだけなのである。サッカー男子はワールドカップで優勝五回、準優勝二回。女子も準優勝と三位が一回ずつ。バスケットボール男子は五輪で銅メダル三回、女子は銀メダルと銅メダルが一回ずつ。バレーボール男子は金メダル二回、銀メダル三回。女子は金メダル二回、銅メダル二回という素晴らしい成績だ。

二〇一二年のロンドン五輪でも、ブラジルのメダルの総数は一七個で、日本の三八個よりずっと少なかった。それでも、ブラジルにはサッカーだけでなくバスケットボールでもバレーボールでも国内にプロリーグがある。ロンドン五輪では柔道、体操、水泳、ボクシングでもメダルを獲得するなど多様性もある。メダル総数は少なくても、ブラジルは間違いなく人材豊かなスポーツ大国だと言える。

メダル大国とスポーツ大国の違いについて考えるとき、ブラジルは、そのよい実例になっている。

英国と日本のメダル数を比較するのは無意味である

二〇一二年のロンドン五輪で、英国が大きく躍進して世界三位にあたる金メダル二九個を獲得したことは、自国開催に向けた強化の成功例として、日本のメディアでも盛んに報道された。英国の人口は二〇一二年時点で六三七一万人だったから、日本のほぼ半分だ。ロンドン五輪で日本の金メダルは七個だったから、この数字だけを比較すると、日本のスポーツ界は英国のスポーツ界に大きく差をつけられたかのような印象を受ける。

だが、これもまた、あまりに単純な印象論と言わざるを得ない。

英国が金メダルを増やすことができたのは、欧州では広く普及しているが、世界的にはメジャーとは言えない競技が五輪競技に数多く採用されていたからである。英国はそのような競技の強化に力を入れ、多くの金メダルを獲ることができた。

例えば自転車で八個、ボートで四個、馬術で三個、カヌーで二個の金メダルを獲っている。この四競技で一七個だ。これらの競技は、欧州では盛んだが、世界的なメジャースポーツとは言えない。しかも一競技の中に多数の種目があるため、複数のメダルを獲得することができる。「メダル数稼ぎ」に有利な競技なのである。こういった競技を強化するには、競技施設がすでに整備されていて、競技人口も指導者も確保しやすい伝統国のほうが有利である。相撲や空手が五輪競技になれば日本に有利になるのと同じだ。

また、英国の世界三大球技の成績を見ると、男女ともメダルは獲っていない。

サッカー男子では、英国はベスト八、日本はベスト四。サッカー女子でも英国はベスト八、日本は銀メダルだったのである。バスケットボールでは、日本はロンドン五輪に出場していなかったが、開催国枠で出場した英国も、男子は予選リーグ（B組一勝四敗）敗退、女子も予選リーグ（B組〇勝五敗）敗退だった。バレーボールでは、男子は日本が出場できなかったが、女子は銅メダル。英国は、男子は予選リーグ（A組〇勝五敗）敗退、女子も予選リーグ（A組一勝四敗）敗退で、世界三大球技を総合的に見れば、日本の総合力は英国を上回っていたのである。

英国の金メダル総数が増えたのは、欧州で生まれたイベントである五輪において、そもそも欧州で盛んな競技が数多く採用されているという、ある意味では当然の背景があったからであって、単純に金メダルの総数で張り合うのは、ほとんど意味のないことだ。

五輪の競技はすべてが「世界一決定戦」ではない

金メダルの総数が政府の評価基準になれば、フェアプレーの軽視や薬物使用、報酬を約束して有力選手を帰化させるといった、なりふり構わない強化に手を出す誘因になってしまう問題が懸念される。

加えて、そもそも五輪という大会は、採用されている競技がすべて世界一決定戦なのかというと、そうはなっていないという事情も理解しておくべきだろう。

例えば、二〇一六年のリオデジャネイロ五輪から一一二年ぶりに正式競技になったゴルフだ。二〇一三年のマスターズ優勝者で、豪州のトップゴルファーであるアダム・スコットは、二〇一五年、ロイター通信の記者に対して次のように語っている。

「五輪でプレーするために日程を組むことはない。メジャー大会のために最良の日程を組むよ。五輪に出場できなかったとしても残念だとは思わない」

ゴルファーにとって大事なのはマスターズ、全米オープン、全英オープン、全米プロの四大メジャー大会であって、五輪ではない。スコットは「五輪のメダルを獲れるかどうかが、僕の経歴を特徴づけるわけではない」とも語っていて、五輪における成績は重要ではないとしている。そして二〇一六年四月には、五輪に出場しない意向を表明した。マネージメント会社を通じて「五輪の時期は非常に忙しい。すでにオーストラリア・チームには伝え、私の立場を理解してもらっている」との声明を出している。さらに、スコット以外にも米国ツアー賞金王三度のビジェイ・シン（フィジー）、二〇一〇年の全英オープン優勝者ルイ・ウェストヘーゼン（南アフリカ）、二〇一一年マスターズ優勝者シャール・シュワーツェル（南アフリカ）も出場辞退を表明している。日本からは松山英樹の出場が注目されていたものの、結局辞退という結論を出した。

もちろん、プロゴルファーの中にも五輪出場に興味のある選手はいるだろう。だが、スコットと同じ考えの選手が相当数いることは間違いない。

そのような競技が、なぜ五輪競技なのか。

まず、国際ゴルフ連盟にとっては世界的なゴルフの普及に役立つ。しかし競技団体にとって五輪競技になることの利点は、それだけではない。IOCからテレビ放映権料とスポンサー料の分配金が回ってくるというメリットがある。一方、IOCにとっては、世界的な知名度を持つゴルファーが出場すれば、五輪の呼びものが増えることになる。

スコットも、五輪そのものに対しては敬意を払っている。「大半の（五輪競技の）選手は四年間練習して、特別にピークに持っていく。彼らにとっては頂点だ」と語り、五輪はそのような選手のための大会だと、まっとうな見解を述べている。同じような事情はテニスやサッカー（五輪の男子サッカーは原則、二三歳以下の選手が出場するもので、大多数のトップ選手は参加しない）にもある。

いずれにしても、開催競技の中に、世界一決定戦とは言えない競技が含まれているということは、金メダルの数を成功の基準とすることが、適切とは言えない理由のひとつになるだろう。

「強い日本」より「フェアな日本」を

五輪でもサッカーのワールドカップでも、日本代表の選手が活躍すると、それが「強い日本」のイメージを体現する存在として称賛されることがある。五輪やワールドカップで結果を出したスポーツ選手は、誰の目にも分かる「世界で勝てる日本人」として「強い日本」というイメージと結びつきやすい。それは、スポーツ選手がしばしば背負うことになる、得体の知れない荷物のようなものだ。

こうした、スポーツ選手の国際的な勝利を「国力」と結びつけ、国家のプライドとする心情は、少なくともスポーツのためにはならない。なぜなら、スポーツにおいて究極的に重要なのは、勝利ではないからだ。

勝利は素晴らしいものだが、スポーツにおいて最も価値のあるものではない。勝利以上に価値があるのは、選手の個人的な成長であり、精神の深まりである。そしてもちろんフェアネスの遂行である。つまりスポーツにおいては、強いだけでは不十分なのだ。勝利は二の次ということではない。勝利だけでは不十分だということである。

五輪やワールドカップで、日本代表の選手たちに示してほしいと思うのは、「強い日本」というイメージよりも、「フェアな日本」のほうではないだろうか。あるいは「クリーンな日本」である。ちょうど、なでしこジャパンがワールドカップで優勝した時、フェアプレー賞も同時に受賞したように。

五輪に出場する選手たちは、練習で国の施設を使ったり、強化費の一部として税金を活用していることは事実だが、税金から月給を得ている選手はほとんどいない。選手たちの給料を払っているのは、所属している企業や支援しているスポンサー企業だ。国内での試合を支えているのも、スポンサー企業や手弁当で参加している競技団体のスタッフであり、有料試合の場合は、チケットを買って足を運んでくれる観客もそこに含まれる。だから選手たちは「日本のため」とか「国民のため」というよりも、まずは同じスポーツをやっている選手たち、そのスポーツを支えてくれている競技団体の人たち、そしてそのスポーツを応援してくれているサポーターたちなど、大会の会場に行けば実際に顔の見える人々のことを考えればいいのではないだろうか。

スポーツは「強い日本」を証明するための手段ではない。観客席に座る我々も、国家より選手個人に目を凝らしたい。

米国では、五輪選手の強化に税金は使われていない

政府基本方針の中には、「日本オリンピック委員会（略）の設定したメダル獲得目標を踏まえつつ」とある。

ＪＯＣが設定した東京五輪におけるメダル獲得目標とは、二〇一三年一一月二八日の選手強化本部会において決められたもので、国別金メダルランキングで世界三位、具体的には金メダル二〇個から三三個というものである。この目標を決めた選手強化本部会のあと、橋本聖子・強化本部長は「どれぐらいの予算があれば確実に入賞し、メダルが取れるかをスポーツ界の現場から国に訴えていく必要がある」と語っている。

ＪＯＣの要望に対して二〇一四年二月、下村博文《はくぶん》・文部科学大臣（当時）は、東京五輪に向けた六年間、選手の強化費を時限的に増額する考えを表明した。

これまで国の補助を受けていた強化策（国内合宿や海外遠征の実施など）は、三分の二を国が助成、残り三分の一は競技団体が負担していた。しかし、この三分の一を用意でき

ない競技団体では、それを選手が負担する場合もあった。この部分についても国が助成して、実質的に競技団体の負担ゼロで強化策が取れるようにするという考え方を表明したのである。これには、競技団体から歓迎の声が挙がった。

だが、より多くの税金を受け取ることは、スポーツ界にとって本当によいことなのだろうか。

メダルを獲るには、それにふさわしい国の援助が必要である――。ＪＯＣはしばしば、そのような考え方を披露している。それを受けたメディアの報道にも、そのような論調が見受けられる。その時、しばしば持ち出されるのが、英国、ドイツ、米国、韓国などと比べて、日本の選手強化費はケタ違いに少ないという比較である。

そうした報道の中で、主だった国の選手強化費の金額が報じられている。いくつかの報道は同じ金額で、米国は年間一六五億円で、日本は二七億円となっている。しかし、これは明らかに間違った比較だ。まず一六五億円というのは、米国オリンピック委員会（ＵＳＯＣ）の年間予算であって、薬物対策など選手強化以外の予算もすべて含めた金額である。年間予算は年によって上下するが、ほぼ一億五〇〇〇万ドル前後であることから、報道では一六五億円という金額が取り上げられているものと思われる。一方、二七億円というのは、JOCが強化のために国から受け取った、一年あたりの補助金の金額である。このふたつを比較しても意味がない。

また、米国の一六五億円が政府の補助金であるかのような誤解もあるようだ。これはまったくの誤解で、USOCは企業や個人からの寄付金や、放映権料や関連商品といった事業収入、および投資による所得によって運営されている。政府からの補助金はゼロだ。つまり米国では、五輪選手の強化に税金は使われていない。日本は補助金が出ているのだから、米国より政府の関与はずっと大きい。

スポーツ界は「自己資金」調達の努力が足りない

そもそも、選手強化は政府の仕事なのだろうか。

米国におけるスポーツ予算とは、トップ選手の強化ではなく、健康増進、疾病予防、障害の改善などを目的としたスポーツへの参加促進など、一般市民への政策予算を意味している。

日本においても、国民医療費の増大が国家財政の大きな負担になっている現状を考えれば、国民に適切な運動習慣をもたらす政策は、重要度が増しているはずだ。

最近のデータによれば、二〇一三年の日本の医療費は四〇兆六一〇億円、そのうち公費（国と地方の税金）が一五兆五三一九億円で、三八・八％を占めている。財源には限りがあるのだから、スポーツのトップ選手強化に巨額の税金を注ぎ込むよりも、むしろ、生活習慣病の予防につながる適切な運動習慣を広めるために投入していくことは、高齢化社会を迎えている日本において間違いなく重要になってきている。その意味でも、トップ選手の強化にはできる限り民間資金を取り入れ、税金は、国民に適切で安全な運動習慣を広めるために振り向けていく。この方向性は、国家の課題にもマッチしているように思える。

トップ選手の強化のためにスポーツ界が税金を受け取れば、それだけ政治の介入を許すことになる。典型的な例は、一九八〇年のモスクワ五輪を、政府の意向によってボイコットせざるを得なかったことだ。ソ連のアフガニスタン侵攻によって米国が五輪をボイコットしたことから、日本政府もこれに歩調を合わせ、ＪＯＣはボイコットを決めた。当時、ＪＯＣの年間予算のうち三四％が政府からの補助金だった。政府の意向に従わず、ＪＯＣ

が独自の判断で五輪に参加した場合は補助金のカットも示唆されたと、当時の報道は伝えている。

五輪のボイコットは極端な例だとしても、いわゆる「プロ化」されていない競技であっても、可能な限り資金は民間から獲得して独立性を高めたほうが、選手の自由が保障される。そのためにはまず、国民に広く競技に関心を持ってもらうことが重要事項になる。日本の五輪競技の団体は、そのための取り組みを十分にやっているかといえば、それはやはり、十分とは言えない。

国家間の競争ではなく、個人間の競争であるというオリンピック憲章の理念を実現していくためにも、政府の補助金に依存するのではなく、自己資金を増やしていくことが望まれるわけだが、サッカーのようにプロリーグを持つ競技以外は、自己資金を獲得するための工夫が、まだまだ十分ではないというのが現状だ。それは、いわゆるマイナー競技ばかりではなく、五輪においては花形とされている競技でも、観客を集め、ファンを増やすための工夫が十分とは言えない。

分かりやすい例を挙げるなら、陸上競技で桐生《きりゅう》祥秀《よしひで》が高校のトップ選手になった当時の競技会の様子を見れば、ほとんどお金をかけずにできることが、まだまだあると分かる。

二〇一二年一〇月、名古屋の瑞穂公園陸上競技場で行なわれた日本ジュニア・ユース選手権は、戦後最年少の一六歳一一カ月で陸上競技のロンドン五輪代表となった土井杏南《どいあんな》と、岐阜国体の男子一〇〇mで一〇秒二一というジュニア日本記録を出した、当時まだ高校二年生の桐生祥秀が出場していた。一六歳一〇カ月で桐生が出したこのタイムは、日本の陸上競技史上で特筆すべきものだった。陸上競技では二〇歳未満がジュニア、一八歳未満がユースと分類されている。当時の桐生はユース年代だった。そして一〇秒二一はジュニア日本記録であるとともに、ユース年代の世界最高記録でもあったのだ。戦後最年少の五輪代表・土井、ユース世界最高記録の桐生が出場すると聞けば、ちょっと見てみようかと興味を覚える人は少なくなかったはずだ。

ところがこの時の大会でも、こうした注目選手が出場するという情報は、インターネット上にも、試合会場にも、ほとんどなかった。日本陸上競技連盟の公式ホームページで「エントリーリスト」のところを見れば土井や桐生の名前は出ていたが、桐生がユース世界最高記録を出したことなどを知らせる文章や見出しはなかった。

試合会場においても、この二人が何時のレースに出るのか、情報を知らせる張り紙などはなかった。桐生が出場した一〇〇mの場内アナウンスでも、彼について「国体優勝」と紹介しただけだった。

大会は入場無料で誰でも気軽に入ることができたから、土井や桐生のことを知らせる努力があれば、観客増の可能性はあったように思う。例えば日本陸連が、ツイッターをやっている有力な現役選手に依頼して必要事項をつぶやいてもらえば、情報は一〇万人単位の人々に知らせることが可能だ。

政治の介入を受けず、自立することがオリンピック憲章の精神に通じる

五輪競技の国内大会に行くと、同じようなことはよくある。

日本の五輪競技は、自力で資金を集める努力を十分に行なっているだろうか。

競技団体の公式ホームページを見ても、選手や競技日程の情報、ルールの解説などが、初めての人にも分かりやすく提供されているものはほとんどない。ソーシャルネットワークの活用に関しても同様で、会場に足を運んでもらうための詳しい日程の提供や、興味を

持ってもらうための選手にまつわる情報提供など、求められている情報はいろいろあるように思うが、十分に提供されているとは言えない。

マイナー競技になると、日本選手権を入場無料で開催していても、会場の入り口に「開催中」の表示さえなく、会場の前を通りかかっても、試合が行なわれているのかどうかさえ分からないという大会が珍しくない。中に入って公式プログラムを買っても、どの選手が日本代表経験者なのかなど、初めて見に来た観客が興味を持って見ることのできる情報を掲載しているものは、ほとんどない。

入場無料の大会であっても、観客が入れば公式プログラムや関連グッズを売ることはできる。また観客が増えてくれれば、会場内に広告を出すことにも価値が生まれる。

トップ選手の強化は、競技団体が可能な限り自力で獲得した民間資金で行ない、政府からの補助金は一定の割合に抑えて、政治の介入を受けないように、できる限り自立していく。五輪競技の選手たちが、国同士の競争ではなく、個人と個人の競争であるというオリンピック憲章の理念を実現していくためにも、こうした民間からの資金の獲得に取り組み、政府の介入を回避できる自立性を目指すべきではないだろうか。

第三章　オリンピックに「経済効果」を求めてはならない

〈政府基本方針〉

4．大会を通じた新しい日本の創造

（1）大会を通じた日本の再生

世界の熱い注目が集まる大会の開催を通じて、復興を成し遂げつつある東日本大震災の被災地の姿、季節感にあふれた祭り・花火、地域の伝統芸能や特色ある文化芸術活動、食からおもてなしの心に至る全国の地域の魅力、日本の強みである環境・エネルギー関連などの科学技術を世界にアピールし、地方創生・地域活性化、日本の技術力の発信及び外国人旅行者の訪日促進等を通じた「強い経済」の実現につなげる。

〈オリンピック憲章〉

第1章7　オリンピック競技大会とオリンピック資産に関する権利

2．オリンピック競技大会はＩＯＣの独占的な資産であり、ＩＯＣはオリンピック競技大会に関するすべての権利を所有する。特に(i)オリンピック競技大会の組織運営、活用、マーケティング、(ii)メディアによる使用目的でのオリンピック競技大会の静止画像と動画の撮影を許可すること、(iii)オリンピック競技大会の音声・映像での収録を登録すること、(iv)放送、送信、再送信、再生、表示、伝播、現存するものであれ将来開発されるものであれ、いかなる方法においてもオリンピック競技大会を音声・映像の登録または収録の具体化による作品や信号を一般の人々に提供すること、あるいは一般の人々に連絡すること。しかし、それらに限定されない。

4. オリンピック資産に関するすべての権利、また、その使用についてのすべての権利は、収益確保の目的であれ、商業的な目的であれ、広告の目的であれ、独占的にIOCに帰属する。

第5章50　広告、デモンストレーション、プロパガンダ

1. IOC理事会が例外として許可する場合を除き、オリンピック区域の一部とみなされるスタジアム、競技会場、その他の競技区域内とその上空は、いかなる形態の広告、またはその他の宣伝も許可されない。スタジアム、競技会場、またはその他の競

技グラウンドでは、商業目的の設備、広告標示は許可されない。

付属細則2．オリンピック競技大会のために創作されるマスコットは、オリンピック・エンブレムの1つとみなされる。OCOG（オリンピック競技大会組織委員会）はそのデザインをIOC理事会に提案し承認を得なければならない。マスコットは、NOC（国内オリンピック委員会）が事前に書面で承認しなければ、NOCの国において商業的な目的で使用することはできない。

付属細則4．OCOGは国内においても国際的にも、IOCの利益のために、オリンピック競技大会のエンブレムとマスコットの資産を確実に保護しなければならない。OCOGのみが、そしてOCOGが解散した後は開催国のNOCが、そのようなエンブレム、マスコット、さらにオリンピック競技大会に関連するその他のマーク、デザイン、バッジ、ポスター、物品および文書を活用することができる。活用できる期間は大会の開催準備中、開催中、さらにそのオリンピック競技大会の開催年の末日までである。この期間を過ぎた後はエンブレム、マスコット、その他のマーク、デザイン、バッジ、ポスター、物品と文書に関するすべての権利はIOCに帰属する。OCOG

および／またはNOCは、この件では場合により、必要な範囲においてIOCの利益のためにのみ（受託者の資格において）管財人を務める。

付属細則5．本付属細則の規定は必要な変更を加え、IOC総会またはオリンピック・コングレスを開催する組織委員会が結ぶすべての契約についても適用される。

五輪の黒字は、五輪競技に還元しなければならない

五輪を招致する恩恵としての「経済効果」は、招致活動の段階で、最も盛んに語られるテーマかも知れない。

五輪の開催によって、開催都市が経済的な恩恵を受ける。開催の方法にもよるが、そのような側面があることは、間違いない。

しかし、言うまでもないことではあるが、それは開催都市にとって、五輪を開催する本来の目的ではない。五輪を開催する目的は、オリンピック憲章に定められた、オリンピズムの理念の実践であって、開催都市が経済的な恩恵を受けることが優先的な目的ではない。

オリンピック憲章の「IOCの使命と役割」という項目の中には「環境問題に対し責任ある関心を持つことを奨励し支援する。またスポーツにおける持続可能な発展を奨励する。そのような観点でオリンピック競技大会が開催されることを要請する」とある。「持続可能な発展」だから、五輪が終わったあとで利用価値のなくなる公共施設を造ることなどは、そこには含まれない。

そもそも「経済効果」というのは、五輪招致から五輪開催までの期間に限って語られることがほとんどだと思うが、「持続可能な発展」のためには、五輪終了後を含めて、長期的な見地から、開催都市や開催国の経済に打撃を与えないことが前提になるだろう。

五輪の運営において黒字が出た場合も、それが誰かの個人的な収入になるということにはならない。五輪の運営によって黒字が出た場合、それは五輪競技の発展のために活用しなければならないことが、オリンピック憲章「第5章　オリンピック競技大会」の中で、次のように定められている。

「オリンピック競技大会を開催することで開催都市、OCOG、あるいは開催都市の国の

NOCにもたらされる余剰金は、オリンピック・ムーブメントとスポーツの発展に役立てられるものとする」

具体的には、スポーツ施設の建設や、スポーツ大会の開催などに拠出されるということである。五輪が黒字を生み出した場合、その恩恵は、スポーツに取り組む選手たちが受けるということになるわけだ。

そして、戦後に開催された巨大な五輪を、大会が終わったあとで検証してみると、五輪の開催をめぐる「経済効果」についても、大会前の見通しとは違った、さまざまな実態というものが見えてくるのである。その実態も含めた、五輪開催による経済への影響について、開催都市の市民の立場を考慮しながら、考えてみたい。

「五輪の経済効果」はどの程度?

五輪招致といえば「経済効果」がまず取り沙汰される。五輪期間中に日本を訪れる外国人の数が予測され、消費が予測される。五輪のための建設投資も予測される。

五輪の大会期間中に、たくさんの外国人が日本を訪れることは間違いないだろうし、五輪のために建設される試合会場も間違いなく存在する。大会の運営費、例えば開会式や閉会式、大会期間中の輸送や警備などにかかる費用も計算される。

さまざまな機関が「経済効果」を算出しているが、例えば、東京五輪の招致委員会と、東京都のスポーツ振興局（現・オリンピック・パラリンピック準備局）が共同で発表した数字は「二〇一三年から二〇二〇年までの期間で約三兆円」というものだった。ここでは、五輪開催の有無にかかわらず整備される道路や鉄道などは、対象には入っていない。

三兆円と聞くとたいへんな数字に思えるが、二〇一三年九月に招致が決まってから、二〇二〇年の五輪までの約七年間で三兆円ということなのだろうから、年間の平均では、約四三〇〇億円になる。もちろん年によって大きな変動があるはずで、年間の平均を出すことにそれほど意味はないものの、二〇一五年の日本のGDPは約四九九兆円だから、四三〇〇億円というのは、その〇・一％にも届かない数字である。日本全国で見た時には、それほど驚くような数字ではない。

このうち、東京都における「経済効果」は約一兆六七〇〇億円で、年平均で約二四〇〇億円。東京都の二〇一五年のＧＤＰ見込みは九二兆九〇〇〇億円だから、その〇・二六％ということになる。東京都における「経済効果」は、日本全国よりは大きなものだが、いずれにしても、ＧＤＰで見た場合、〇・三％以下という程度の規模である、ということだ。

五輪開催による「経済的マイナス要素」

招致委員会と東京都スポーツ振興局による「経済効果」の計算を見る限り、これはあくまで、五輪開催がなければなかったはずのプラス要素について計算したものである。

しかし、五輪の開催都市では、五輪開催による経済的なマイナス要素も存在する。道路の渋滞、警備体制の強化、ホテルの価格高騰といった要素だ。こういった要素は、混雑を避けたい地元住民が、大会期間中は地元を離れたり、通常であれば訪れていたはずの観光客や出張の会社員が訪問を取りやめたり、ほかの地域に流れたりする理由になり得る。地域に根づいた商店街などは、常連の顧客が、渋滞や混雑を回避して来店しなくなるといったことがあり得る。

例えば、五輪史上初の完全民営化五輪だった一九八四年のロサンゼルス五輪では、次のようなことがあった。

一九八四年八月九日付の「毎日新聞」には、現地特派員の報告として「ロスが泣いている　五輪景気アテ外れ」という記事が載っている。開幕から一一日目の時点で、ロサンゼルスの日本食レストランをはじめ、五輪期間中の売り上げ増を見込んでいた店舗の実情について、詳細に書いている。ロサンゼルスの日本人街、リトル・トーキョーのラーメン店について「客層は地元の日系人が八割、日本からの観光客が二割だが、その日系人たちがテレビにかじりついてさっぱり出てこない。観光客もダウンタウンの高いホテル代に嫌気がさしてハリウッドやディズニーランドなど郊外に泊まりがち」とレポート。例年の夏と比較して、売り上げは下がっているという経営者の談話を掲載している。また、日本食レストランのマネジャーの「うちは日本から商用で来る客が中心ですが、五輪を避けてさっぱり」という談話も紹介している。

さらに記事の中で「五輪を見に各地から三〇万人は来ているのだが、ホテルからバスで競技場へ行き、ハンバーガーを食べてそのまま宿へ、という節約型が多いようだ」と書いている。また飲食店だけでなく、ホテルやレンタカーについても「二—五倍の特別料金で開幕を迎えたが八月に入って七割方、通常料金に戻った」としている。

ロサンゼルス五輪の入場料収入は一億三九八三万四〇〇〇ドルで、当時の平均的なレートで約三三二億一三〇〇万円。これは、入場料収入としては五輪史上最高額だった。それだけチケットがよく売れて、観客がたくさん集まった大会だったわけだが、地元の飲食店や宿泊施設などでは、例年より売り上げが下がったところもあったということだ。巨大化して、警備体制が厳しくなった現在の五輪では、開催都市の中でこういったことも実際に起こり得るわけだ。

「経済効果」というものを考えるのであれば、こうしたマイナス要素も考慮しなければ、本当のところ意味のあるものにはならないだろう。言うまでもないことだが、経済的な影響というのは、きわめて複雑なものだ。

経済効果が波及しない理由は、スポンサーの権利保護？

道路の渋滞、警備体制の強化、ホテルの価格高騰といった要素以外に、五輪の「経済効果」が庶民には広がりにくい背景のひとつが、ＩＯＣによるスポンサー企業のための徹底した権利保護である。

二〇一三年九月に東京五輪招致が決まった時、ＩＯＣやＪＯＣの公式スポンサーではない企業が「東京２０２０」「五輪招致おめでとう」といった表現を商品パッケージに使ったり、あるいは、スーパーマーケットや商店街で、こういった表現を使ってセールを行なったりすることは、ＩＯＣやＪＯＣに対する知的財産権の侵害に当たるとして、注意を促す報道がいくつもあった。「五輪」という言葉を使わなくても、五輪を想起させる表現の場合、商業的な利用は認められない、というのがＪＯＣの見解だった。招致が決まった当時、「四年に一度の祭典がやってくる」「やったぞ東京」「日本代表、応援します！」などは、いずれも知的財産権の侵害に当たるというＪＯＣの見解が報道されていた。

ＩＯＣおよびＪＯＣによる、五輪にまつわる知的財産権の取り締まりは、東京五輪の開催まで、ずっと行なわれていくことになる。

ＩＯＣが、ここまで厳しく取り締まるようになったのは、過去に、考えてもみなかった「便乗商法」によって苦労した経験があるからだろう。

例えば一九九六年のアトランタ五輪の時、アトランタの市街地で、五輪の公式スポンサーではなかったスポーツ用品メーカー「ナイキ」が、次のような屋外広告を展開したことがあった。

「銀を獲ったのではない。金を逃したのだ」

「勝つために来たのでなければ、あなたはただの旅行者だ」

五輪について直接言及しているわけではないが、五輪の時期に、開催都市でこのような広告が出ていれば、五輪に参加する選手について言及した広告であることは誰にでも分かる。このように、五輪の開催都市で展開される広告は、五輪に直接言及しなくても、五輪の話題性を生かした広告になり得る。つまり巨額の契約料を払ってIOCのスポンサーにならなくても、五輪のブランド力を生かした広告ができることになってしまうわけだ。IOCとしては、公式スポンサーの独占権を守って契約に満足してもらうには、徹底した取り締まりをせざるを得なくなった、ということだろう。

TOPと呼ばれるIOCの最高位スポンサーは、四年ごとの契約になっているが、二〇〇九年から二〇一二年の四年間では、コカ・コーラ、マクドナルド、P&G、日本のパナソニック、韓国のサムスンなど一一社と契約している。契約の総額は九億五七〇〇万ドル。

一ドル一〇〇円で換算しても九五七億円だった。

こうした巨額の契約をしているスポンサーを満足させるために、IOCは徹底した取り組みをするようになったわけだ。開催都市の飲食店や商店街も含めて、五輪のブランド力に便乗した商業的行為はできないと考えたほうがいい。こういった事情も、庶民のレベルに、いわゆる「経済効果」があまり届かない、その背景になっていると言えるだろう。

二〇一六年三月に日本で出版された、米国の経済学者アンドリュー・ジンバリストの著書『オリンピック経済幻想論』（ブックマン社）でも、五輪開催による経済効果の曖昧さについて論じられている。近年の例としては、ロンドン五輪が開催された二〇一二年七月と八月に海外から英国を訪れた観光客は、国家統計局の報告によると、二〇一一年の七月、八月よりも六・一％減少していた。二〇一二年は六一七万人だったのに対して、二〇一一年は六五七万人だったという。

開催都市の負担増で、相次ぐ立候補辞退

夏季五輪の競技数が増え続け、二〇〇〇年シドニー五輪で二八競技、三〇〇種目になっ

て以来、二〇一二年ロンドン五輪は野球とソフトボールが外れて二六競技になったものの、二〇一六年リオデジャネイロ五輪ではゴルフと七人制ラグビーが加わって、再び二八競技になった。

いかなる世界の大都市でも、二八もの競技に使用した大規模スポーツ施設を、大会終了後、有効に活用していける都市など、どこにも存在しないはずだ。どの国でも、人気のあるスポーツはある程度限られている。それだけ多くの競技施設で、大規模な大会を定期的に開催したり、施設を有効活用できるほどに、国内の競技人口を増やして一般市民による利用を増やすといったことは、できないと考えたほうがいい。有効活用できなければ、維持費のために毎年、税金が投入されることになって、地方自治体の施設であれば自治体住民の、国の施設であれば国民の負担になる。民間企業の運営で利益を出せるスポーツ施設というのは、その国の人気スポーツのための、ごく限られた施設と言っていいだろう。

そうした大会後の負担を軽減するために、ロンドン五輪では、メーンスタジアムは大会期間中の収容人員八万人から、大会後は六万人に縮小して、プレミアリーグのウェストハム・ユナイテッドの本拠地に転換された。水泳会場となったアクアティクスセンターも、大会中は一万七五〇〇人の収容人員だったが、大会後は観客席のほとんどを取り外して、二五〇〇人の規模まで縮小している。

こうした、大会終了後の負担を軽減する工夫も実行されるようにはなったものの、それでも、大きくなり過ぎた五輪による開催都市への負担増は、開催都市への立候補辞退にもつながっている。

例えば二〇二四年の夏季五輪について、米国オリンピック委員会（ＵＳＯＣ）は国内の各都市に立候補を打診していたが、二〇一三年三月にはデトロイトのデーブ・ビング市長が辞退を表明。デトロイトは一九四四年から七二年にかけて計七回立候補したが、いずれも実現していない。五輪招致には積極的な歴史を持つ都市だったが、財政破綻の危機に見舞われていたこともあって断念している。

また、招致を検討していたボストンも、二〇一五年七月、立候補の取りやめを表明した。理由は、大会の運営で赤字が生じた場合、全額を市が補償するようにＵＳＯＣから求められたことだったと、マーティ・ウォルシュ市長は語っている。

さらには、二〇一五年一一月、ドイツのハンブルクでは、招致の是非を問う住民投票が行なわれ、賛成四八・四％、反対五一・六％で過半数の賛同を得られず、招致委員会は、招致を断念すると発表した。ドイツでは二〇一三年に、二〇二二年の冬季五輪招致を検討したミュンヘンにおいても住民投票が行なわれ、やはり賛同を得られず、立候補を断念している。ハンブルクの招致委員会は、賛同を得られなかった理由として、シリアなどから流入した難民の受け入れや、パリの同時多発テロなどがマイナスに作用したとの見方を示したが、開催経費への懸念があったことも間違いないだろう。

IOCの「条件緩和」案も効果薄？

ＩＯＣは、こうした相次ぐ立候補辞退の動きに対して、何もしてこなかったわけではない。

二〇一四年一二月のＩＯＣ総会で、五輪を開催する際の条件の緩和や、招致にかかる費用の削減などを盛り込んだ「アジェンダ２０２０」を採択している。開催条件の緩和、招致費用の削減にまつわる主な内容は、次の通りだ。

提言1　招待としての招致プロセスを整える

2．ＩＯＣは既存施設の最大限の活用、および大会後に撤去が可能な仮設による施設の活用を積極的に奨励する。

3．ＩＯＣはオリンピック競技大会では、主に持続可能性の理由から、競技の予選については開催都市以外、さらに例外的な場合には開催国以外でも実施することを容認する。

4．ＩＯＣはオリンピック競技大会では、主に地理的要因や持続可能性の理由から、複数の競技または種別を開催都市以外で、または例外的な場合は開催国以外で実施することを認める。

提言3　招致経費を削減する

2．ＩＯＣは以下の費用を負担する。

- ＩＯＣ評価委員会の訪問に関連して生じる都市側の費用
- ローザンヌでのＩＯＣ委員に対する候補都市ブリーフィングでは、6名の資格認定を受けた招致都市代表団の渡航費と宿泊費

・ASOIF（夏季五輪国際競技連盟連合）またはAIOWF（冬季五輪国際競技連盟連合）のそれぞれに対する候補都市ブリーフィングでは、6名の資格認定代表団の渡航費と宿泊費
・ANOC（国内オリンピック委員会連合）総会では、6名の資格認定代表団の渡航費と宿泊費
・開催都市を選定するIOC総会では、12名の資格認定代表団の渡航費と宿泊費

開催条件については、開催都市以外での競技の実施に関して大幅に条件を緩和している。また招致費用に関しては、立候補都市を訪れるIOC委員の滞在費などはIOC側が負担する、プレゼンテーションのためにIOC総会を訪れる資格認定代表団の旅費と滞在費は一二人まではIOC側が負担するなど、招致活動の費用負担を軽くする提案を行なっている。

しかし、この「アジェンダ2020」が採択されたあとに、ボストンとハンブルクは招致を断念しているわけで、この提案によって立候補に乗り出す都市がどれだけあるかは、

まだはっきりとは分かっていない。世界の各都市では、巨大になった五輪の開催にまつわる財政的な負担の大きさについて、かなり周知されていると言っていいだろう。

五輪開催による「経済効果」というものがはっきりしていて、それが地元住民に届くものであり、最近の大会によって明らかに証明されているなら、これほど立候補辞退が相次ぐということはないはずだ。

「五輪の経費」の内訳

五輪の開催によって、競技会場の建設や、既存の会場の改修を請け負う業者など、直接的に仕事を受注する企業にとっては、経済的な恩恵があることは確かだろう。五輪の開催に莫大《ばくだい》な資金が投じられることだけは、間違いないのである。

メディアにおいて「五輪の経費」といった言葉が語られる時、その定義が曖昧なまま放置されていることが、よくあるのではないだろうか。

一九六四年の東京五輪を例に、一般的に「五輪の経費」と呼ばれているものが、どのような内訳から成り立っているものなのか、その概要を見てみよう。

当時のメディアにおいても「東京五輪のためのお金」として報道されたものは、大きく次の三つに分類することができた。

（1）大会の運営費
（2）競技会場の建設費
（3）大会に合わせて整備されたインフラの経費

この中で、金額がずば抜けて大きいのは（3）の「大会に合わせて整備されたインフラの経費」である。具体的には、東海道新幹線（三八〇〇億円）、首都高速道路を含む道路（一七五二億七九〇〇万円）、上下水道（七二四億九九〇〇万円）、首都圏の地下鉄（一八九四億九二〇〇万円）といったもので、これは「東京五輪に間に合わせるために造ったもの」ではあったが「東京五輪のために造ったもの」ではないし、いずれも「東京五輪が終わったら利用する人もなく、利用価値がなくなるもの」ではなかった。インフラとして、ほとんどの人から価値を認められているもの、東京にはなくてはならないもの、と考えてよかった。したがって、こうしたインフラに投じられたお金は公共のための税金投入であって「五輪の経費」ではないと言っていいだろう。敗戦からわずか一九年後に開催された一九六四年の東京五輪では、この（3）に該当する工事がたくさんあった。

当然のことではあるが、二〇二〇年の東京五輪に向けては、この（3）に該当する工事は、一九六四年ほどには多くない。挙げるとすれば、新国立競技場の建設にともなって、東京都が支出する競技場周辺の道路や歩道などの整備、あるいは選手村の建設にともなって、やはり東京都が支出する周辺道路などの整備といったものが、それに該当するかも知れない。また民間の投資としては、ホテルオークラの建て替えなど、二〇二〇年までに整備される宿泊施設などは、これに該当するかも知れない。

「競技会場の建設費」は「五輪の経費」とは言えない？

（2）の「競技会場の建設費」というのは、一九六四年の東京五輪の場合、ほとんどが新設の競技会場だった。国の税金で建設されたのは代々木第一体育館、第二体育館、日本武道館（税金以外に寄付金も含む）、戸田漕艇場、朝霞《あさか》射撃場。東京都の税金で建設されたのは駒沢オリンピック公園総合運動場。そのほか地方自治体が建設したものとしては渋谷公会堂（渋谷区）、江の島ヨットハーバー（神奈川県）などがあった。これらの競技会場は東京五輪に合わせて建設されたものだったが、いずれも、大会終了後もずっと活用されており、税金で建設しただけの公共性はあったと言えるだろう。

当時の国立競技場は、一九五八年のアジア大会のために、明治神宮外苑競技場があったところに新設されたものだった。東京五輪のメーン会場となるにあたっては、国の支出によって、スタンドが大幅に増設されている。国立競技場もまた、東京五輪の終了後も、サッカー、ラグビー、陸上競技の会場として、ずっと活用されていた。歴史を重ねるにつれて、多くのアスリートにとって憧れの舞台になり、税金で建設した公共施設としての役割は十分に果たしたと言えるだろう。

（2）に該当する部分を「五輪の経費」と考えるのは間違った考え方とは言えないが、ここに投入された税金は、五輪の大会収支が赤字か黒字か、という問題とは関係がない。税金を投入している以上、「公共施設として人々に活用され、大会終了後も便益を与えているか」によって、評価されるべきものだろう。

二〇二〇年の東京五輪で注意を払う必要があるのは、まさにこの部分である。

二〇二〇年に向けても、新たに建設される競技会場がある。メーン会場となる新国立競技場、水泳会場になるアクアティクスセンター、バレーボール会場になる有明アリーナ、ボート、カヌー会場となる海の森水上競技場などだ。

一九六四年の東京五輪で実施されたのは二〇競技だったのに対し、二〇二〇年は二八競技以上が計画されている。競技数が増えている以上、競技会場も増えることはあり得る。

しかし東京には、日本水泳選手権の会場になっている東京辰巳《たつみ》国際水泳場があるにもかかわらず、なぜ新たにアクアティクスセンターを建設する必要があるのか。これは、東京辰巳国際水泳場が、仮設を含めても収容人員が約五〇〇〇人という客席の規模をはじめ、五輪開催の会場として国際水泳連盟から認可されるほどの規模がないこと、また、立地条件から拡張工事もできないことが考えられる。五輪の開催規模が巨大化したことは、こういった新規の競技会場建設にも影響を与えているわけだ。

新国立競技場建設費負担は「二：一：一」

新国立競技場の建設費は、工事費だけで一五五〇億円、設計・監理費が四〇億円、旧国立競技場の解体費用が五五億円となっている。これを国、スポーツ振興くじ（ｔｏｔｏ）を運営している日本スポーツ振興センター（ＪＳＣ）、東京都という三者で分担して負担することになっている。

このうち、分担する対象になっているのは一五八一億円で、これを国、スポーツ振興くじ、東京都で「二：一：一」の割合で分担することを、遠藤利明五輪大臣、馳浩《はせひろし》文部科学大臣、舛添《ますぞえ》要一都知事の間で合意している。つまり国費の負担が七九一億円、スポーツ振興くじと東京都の負担が、それぞれ三九五億円である。ただしこの中に、東京都が行なう周辺の道路や公園の整備にかかる費用は含まれていない。また、合意した金額はすべて概算で、はっきりした数字ではない。工事費に関しても、公表された文書でも「一五五〇億円程度」となっており、資材費や人件費次第で、最終的にこの金額に収まるかどうか保証されているわけではない。

つまり新国立競技場は、「国立」とは言うものの、投入されるお金のうち国費はほぼ半分にすぎず、あとはスポーツ振興くじと東京都からの出資で賄うことになっているわけだ。

新国立競技場の完成模型

スポーツ振興くじは、本来、スポーツ施設でグラウンドを芝生にしたり、スポーツ教室を開催したりといったスポーツの普及活動から、五輪出場を目指すトップレベルの選手の強化費まで、スポーツの振興に対して幅広く助成することが目的だった。新国立競技場の建設に支出することが、どこまで本来の趣旨に合致しているかは議論のあるところだが、二〇一六年五月には、くじの売り上げから新国立競技場建設のために支出する割合を、従来の五％から一〇％にする関連法案が可決、成立している。

二〇〇二年サッカーワールドカップの決勝戦会場になった日産スタジアムの総工費は、六〇三億円だった。新国立競技場はその約二・六倍だから、巨額の建設費に対する批判は、現在でもあるに違いない。

ただ、新国立競技場の建設を「東京五輪のための経費」として考えるのは、論理的におかしなことになる。というのも、新国立競技場は東京五輪のために始まった事業ではないからだ。

建て直しが決まったきっかけは、二〇〇九年七月に、二〇一九年のラグビーワールドカップの日本招致が決まったことだった。招致が決まって、「ラグビーワールドカップ20

19日本大会成功議員連盟」が、二〇一一年二月に建て替え推進決議を行なったこと、これがそもそもの始まりだった。東京五輪の招致決定は二〇一三年九月だから、建て替え推進決議のあとの話だ。東京都が、二〇二〇年のために建て替えを要望したわけではない。最初の計画が白紙撤回されたことで、結果的に、二〇一九年ラグビーワールドカップには完成が間に合わなくなり、二〇二〇年の東京五輪に向けて建設する計画になった。

新国立競技場をめぐる議論をする際に、この事実だけはきちんと踏まえておく必要があるだろう。

「五輪のために建設される」三つの恒久施設

新国立競技場のほかに、東京五輪の競技会場として建設され、大会終了後も解体しない三つの恒久施設、アクアティクスセンター、有明アリーナ、海の森水上競技場については、一般競争入札が行なわれ、二〇一六年一月、落札されている。

アクアティクスセンター　四六九億八〇〇〇万円

有明アリーナ　三六〇億二八八〇万円
海の森水上競技場　二四八億九八三二万円

三つの施設は、いずれも東京都の税金で建設される。この三つは、いずれも東京五輪の招致がなければ建設されなかったはずの施設である。したがって、大会終了後にどれだけ有効利用できるか、東京都民に便益を与えるかで、その価値が評価される。

一方、バドミントンと近代五種の会場になる武蔵野の森総合スポーツ施設（二〇一七年一月完成予定）を「東京五輪のための施設」として議論の対象に含めるのは合理的ではない。この施設は、東京五輪の招致とは関係なく計画されていたものだ。「多摩地域の拠点となる総合スポーツ施設」として、東京都が基本構想を策定したのは二〇〇九年四月のことだった。総工費三五一億円という大型のスポーツ施設だが、これは東京五輪の経費の範《はん》疇《ちゅう》に入れて論じるべきではないだろう。

一九六四年東京五輪の「運営費黒字」は税金投入によるもの

ここまで見てきたように、「大会に合わせて整備されたインフラの経費」「競技会場の建設費」という、税金で行なわれる公共事業は、五輪の収支には含まれない。

五輪の収支というのは、（1）の「大会の運営費」について検討される事柄である。

大会の運営費は、大会組織委員会の収入によって賄うというのが、基本的な構造だ。では、五輪の運営費とは、具体的にどのようなものなのか。一九六四年の東京五輪を例に見てみると、主な項目は、次のようなものだった。

- 競技の運営費＝競技のための用具、練習会場の借り上げ、デイリープログラムや記録の印刷など。
- 選手村の運営費＝一九六四年の選手村は、「ワシントンハイツ」と呼ばれていた都内の米軍兵舎・家庭用住宅が日本に返還され、これをそのまま利用したため、大部分は新たに建設する必要はなかった。運営費としては食事の用意、備品の用意、光熱費、選手村従業員の運営費など。
●式典費＝開会式、閉会式、聖火リレーにかかる経費。
●大会組織委員会の運営費＝組織委員会の人件費、事務所の維持費など。

ほかにも選手や役員の輸送、大会役員の大会時の被服費や旅費、プレスセンターの運営、IOC委員や各国選手団長の接待から、ヨット競技の実施にともなう漁業権者への協力謝金など、五輪の運営には、実にさまざまな支出の項目がある。

一九六四年東京五輪の支出は、合計で九一億九六〇〇万円だった。これに対して、大会の組織委員会には九九億四六〇〇万円の収入があった。つまり、収支は七億五〇〇〇万円の黒字だった。黒字の七億五〇〇〇万円は、スポーツ施設の建設資金に充てるべく、大会後、財団法人スポーツ振興資金財団に寄付されている。

一九六四年当時は、IOC憲章によって出場選手はアマチュアの選手だけであり、組織委員会が企業からスポンサー料を受け取る「大会公式スポンサー」などという仕組みはなかった。この時の組織委員会は、どのようにして、運営費を賄うだけの資金を獲得していたのだろうか。

まず、入場料やテレビ放映権料、記録映画配給収入といった、大会から生み出される「事業収入」があった。それ以外では、国の税金、東京都の税金、そして民間からの寄付などが組織委員会の収入だった。事業収入が三六億五六〇〇万円、国の税金が一五億五一〇〇万円、東京都の税金が一五億五一〇〇万円、あとは民間からの寄付によって賄われている。つまり、組織委員会による大会の運営そのものに対して、最初から、国と東京都の税金を投入する計画になっていたのである。

企業からスポンサー料を受け取る仕組みもなく、テレビ放映権料は六億円（事業収入の一六％）と、現在ほど高額ではなかった一九六四年当時に、参加九三カ国、五一五二人で二〇競技という規模の大会を実施するには、財源として、運営そのものに税金を投入しなければ、計画が立たなかったのである。大会の収支が黒字になったとはいっても、それは国や東京都からの補助金を含めた上での収支であり、組織委員会が稼ぎ出した収入だけで支出を賄ったわけではなかった。

最初から税金の投入を含めた収支計画であったということは、論理的には、日本の国民が、五輪の開催そのものに奉仕する形式になっていた、とも言える。

二〇二〇年の「運営費」は、一九六四年の比ではない

二〇二〇年の東京五輪においても、一九六四年に必要とされた「大会の運営費」は、ほとんど同じように必要とされる。実施する競技が、当時の二〇競技（一六三種目）から二八競技（三〇〇種目）以上へ増えたことから、同じ項目でも、はるかに巨額の経費がかかるようになってきている。

例えば「競技の運営費」にしても、一九六四年は新規に建設する競技会場が多かったため、五輪期間だけの仮設競技会場を建設したり、既存の競技会場を五輪仕様に改修して利用する競技は少なかった。

だが、二〇二〇年は既存施設の利用が多い。代々木第一体育館（ハンドボール）、日本武道館（柔道）、東京体育館（卓球）、東京国際フォーラム（重量挙げ）、有明テニスの森（テニス）、国技館（ボクシング）、味の素スタジアム（近代五種、サッカー、七人制ラグビー）、東京辰巳国際水泳場（水球）、さいたまスーパーアリーナ（バスケットボール）、

幕張メッセ（レスリング、フェンシング、テコンドー）などだ。こうした施設を、五輪期間中、会場使用料を支払って借り上げ、なおかつ、会場を五輪仕様に改修しなければならない。

改修は、会場によっては、かなり大規模なものになる。一九六四年にも使用している会場だからそのまま使えるかというと、そういうわけにはいかない。

例えば日本武道館の場合、一九六四年の時は、柔道は男子だけの競技で、階級も軽量級、中量級、重量級、無差別級という四階級だけだった。しかし現在では、柔道は男女ともに七階級になっていて、合計すると一四階級で行なわれている。参加する選手の人数がはるかに増えているため、練習会場などを拡張しないとまったく対応できない。

また会場によっては、会場内のスペースでは報道陣を収容しきれないため、仮設のプレスルームを建てる必要もあるはずだ。こうした会場の使用料、改修費などは「競技の運営費」であり、組織委員会の収入で賄うべき項目になる。会場の数が多いだけに、これだけでもたいへんな金額になるはずだ。

仮設の競技会場に関しては、決まっていたはずの「恒久会場は東京都が建設、仮設会場は組織委員会が建設」という役割分担の見直しが始まっている。例えば、仮設で建設して、大会終了後は解体される予定だった有明体操競技場は、大会後も一〇年間、展示場として活用することによって公共性を持たせ、建設費の一部を東京都が負担することになった。

そもそも仮設で造る競技会場というのは、「大会後に利用しようとしても、有効な利用方法が見つからない。だから、終了後は撤去するほうがいい」という論理で仮設になっていたはずだ。つまり、公共性が見出せないから、それを税金で造るわけにはいかない。だから仮設会場は組織委員会の収入で賄う。そういう役割分担になっていたのではないだろうか。

仮設で計画されている競技会場としては、ほかにも潮風公園のビーチバレー会場、自転車の有明ＢＭＸコース、お台場海浜公園のトライアスロンのコースなどがある。

既存の競技場の改修や、仮設の競技場の整備だけでなく、試合会場以外の練習会場の借り上げも、一九六四年よりも二〇二〇年のほうが大幅に増える項目のひとつだ。実施する競技が二〇競技（一六三種目）から二八競技（三〇〇種目）以上へと増えるわけだから、それだけ用意するべき練習会場も増える。

なお選手村の建物は、民間企業によって、民間の資金で建設される。税金は投入されない。大会終了後は、マンションとして販売されることになっている。

膨れ上がる警備費用

もうひとつ、二〇二〇年に大会の運営費として大きな割合を占めることになるのが、警備にかかる費用である。

招致活動の際の立候補ファイルでは、大会の警備に関して「日本国政府及び東京都は、大会組織委員会の費用負担なしに、大会に関係するセキュリティ、医療、通関、出入国管理その他の政府関連業務を提供する」となっており、警察や自衛隊の警備活動に関しては組織委員会は負担しない。しかし競技会場の人の出入りなど、いくつかの警備業務は民間警備会社にも依頼することになっていて、こちらの費用は組織委員会が負担することになっている。

立候補ファイルの中では、民間警備会社に依頼する警備員だけで一万四〇〇〇人が想定されている。

一九七二年のミュンヘン五輪において、パレスチナゲリラによるテロ事件でイスラエル選手団一一人が犠牲になって以来、五輪における警備費用はケタ違いに増大した。二〇一二年ロンドン五輪と二〇一六年リオデジャネイロ五輪を比較しても、リオデジャネイロ五輪の場合、ロンドン五輪では行なわれていなかったゴルフ、七人制ラグビーが新たに実施されたため、警備するべき会場はさらに増えている。警備の対象が増えれば、それだけ警備の費用も増えるはずだ。

この点がまさに、最近の五輪の収支を厳しくしている大きな要因だろう。

大会組織委員会の任務は「赤字を出さないこと」

このように「大会の運営費」において、一九六四年と二〇二〇年では、同じ項目であっても大幅に増大せざるを得ない事情がある。

ただ二〇二〇年の東京五輪は、一九六四年とは支出にまつわる事情が変わってきた一方で、収入の構造もまったく違うものに変わった。

二〇二〇年の組織委員会の収入は、一九六四年のように、当初から国の税金、東京都の税金を組み込む計画にはなっていない。二〇二〇年の組織委員会は、民間企業からの収入で運営することが基本計画になっている。組織委員会には、次のような収入源がある。

- ＩＯＣからの分配金＝ＴＯＰと呼ばれる世界的な公式スポンサー企業のスポンサー料、およびテレビ放映権料から、ＩＯＣが大会組織委員会に拠出する分配金。
- 大会組織委員会による国内スポンサー企業からのスポンサー料＝ＩＯＣが契約している公式スポンサーではなく、大会組織委員会が独自に国内の企業と契約するスポンサー料。
- 大会組織委員会による事業収入＝チケット売り上げ、および公式マスコットをはじめ、大会の公式関連商品売り上げからのロイヤリティー収入など。

「完全民営化五輪」として開催された一九八四年のロサンゼルス五輪以来、「大会の運営費」は、こうした民間企業からの収入で賄う方向になってきた。

このように見てくると、東京五輪の開催にまつわる資金というものは、次のように分類することができる。

・国の税金からの支出＝新国立競技場の建設費（国の負担は建設費全体の約五割）、五輪の開催で経費が増加する税関、入国管理など国所管事業の増加分。
・東京都の税金からの支出＝五輪のために建設する恒久施設（アクアティクスセンター、有明アリーナ、海の森水上競技場など）、五輪の開催で経費が増加する警察、消防、医療など。
・民間企業による投資＝五輪後にマンションになる選手村の建設費用。
・大会組織委員会からの支出＝大会の運営にかかる費用のすべて。

この中の「大会組織委員会からの支出」にあたる費用を、大会組織委員会の収入によって賄うことができるかどうか。これによって、大会の収支が赤字になるか、黒字になるかが決まる。そして赤字になった場合は、まずは東京都の税金で補填し、それでも不足した場合には国の税金で補填することを、招致段階で招致委員会が表明している。したがって大会組織委員会の任務は、赤字を出さないように大会の収支計画を立て、着実に実行することである。

さらに「経費」は膨らんでいく

招致委員会の計画によれば、二〇二〇年東京五輪の「大会の運営費」は三四一一億九一〇〇万円だった。その中で、競技会場のためにかかる費用は七六八億二五〇〇万円となっていた。つまり「大会の運営費」の中で、競技会場のためにかかる費用は全体の二二・五%だった。しかしすでに、「仮設の競技会場の建設」と「既存の競技会場の改修」だけで、約四倍に相当する三〇〇〇億円近くに膨らむ見通しが、報道されている。

一方、大会組織委員会の収入の見通しはどうなのか。最終的な収入はチケットの売り上げなどにも左右されるため、大会が終了しなければ分からない。ただ、国内企業とのスポンサー契約は順調で、すでに史上最高額になると見られている。

それでも、大会組織委員会の最終的な収入は四五〇〇億円程度という予測が報道されている。「仮設の競技会場の建設」と「既存の競技会場の改修」だけで三〇〇〇億円近くになった場合、それ以外の、警備をはじめとする必須の経費はどうなるのか。

組織委員会による「神宮球場借り上げ問題」も、経費の増大をともなうことは間違いない。借り上げる期間が長くなればなるほど、神宮球場に広告を出しているスポンサー企業への補償、神宮球場を本拠地とする東京ヤクルトスワローズが年間指定席を通常通りに販売できなくなることへの補償など、補償するべき規模は、どんどん大きくなっていく。この問題がどのように決着するかで、「大会の運営費」の総額はまた変わってくるはずだ。

どうすれば「大会の運営費」をより削減できるのか、その取り組みが最も重要になってくるだろう。

運営費を削減する方法のひとつは、開会式と閉会式の簡素化だろう。

最近の開会式は夜に行なわれるため、終わるのが深夜になる。二〇一二年ロンドン五輪の開会式は、開始が現地時間の午後九時で、終わったのは深夜の一二時過ぎだった。この時間設定では、大会初日から競技のある選手たちは、コンディションのことを考えると参加できないだろう。選手たちのコンディションを考慮して、もっと参加しやすい時間設定にすると同時に、選手たちが会場の外で長い時間待たなくてすむように、開会式そのものも、もう少し簡素なものにできるはずだ。

ロンドン五輪の開会式は二七〇〇万ポンドの経費がかかったという。一ポンド一五〇円で換算しても、約四〇億五〇〇〇万円になる。閉会式も合わせて考えると、ふたつのイベントの簡素化によって、ある程度の運営費の削減は可能ではないだろうか。

終章　オリンピックの理念は「勝敗」ではない

IOCの競技運営とオリンピック憲章の乖離《かいり》

二〇二〇年東京五輪の招致が決まって以降、五輪の運営にまつわるニュースをカバーしていると、オリンピック憲章に書かれていることと、IOCが実際にやっていることは、相変わらず乖離していることがあると、理解せざるを得ない。

リオデジャネイロ五輪をめぐっても、五輪から商業的な価値を引き出すことに熱心で「選手第一」とはとても言えない運営があった。水泳の競技時間で、競泳の決勝種目の開始が、現地時間の午後一〇時だったのである。午後一〇時に始まるということは、最後の決勝種目は午後一一時三〇分前後になる。午後一一時三〇分前後というのが、最高のパフォーマンスを発揮するための最良の競技時間であるはずはない。

水泳の大会というのは、世界選手権であれ、全米選手権であれ、日本選手権であれ、午前中に予選が行なわれ、決勝種目は、遅くとも午後七時には始まる。選手たちの多くは、普段から、こうした時間帯に合わせて練習している。朝は午前六時前後からアップを始め、午前中の練習を行ない、昼食と休養をはさんで午後の練習、夜は翌日に備えて早く寝る選手が多い。決勝種目が午後一〇時開始というのは、どう見ても「選手第一」の時間設定ではない。

実際、IOCの広報担当者も、この時間設定は「米国のテレビ視聴者を考慮したもの」であることを認めている。リオデジャネイロの午後一〇時は、夏時間で米国東海岸の午後九時、西海岸の午後六時にあたる。すなわち、米国のゴールデンタイムに合わせた時間設定である。

二〇〇八年北京五輪でも、水泳はやはり米国のゴールデンタイムに合わせて、午前に決勝、午後に予選という通常とは反対の日程で行なわれた。こうしたことが起きる根本的な理由は、まず、営利団体ではないはずのIOCが、営利団体のように、テレビ放映権料をできるだけ高く売ろうとしていることがひとつ。もうひとつは、放映権の契約自体が、開催地が決まるより前に完了している場合があることだ。

テレビ放映権料が高く設定されると、国別に見た場合、最も高い放映権料を支払っている米国のテレビ局が、競技の運営に対しても発言権を持つことになる。開催地がどこに決まっても、米国における人気競技は、放映権料を回収するために、米国のゴールデンタイムに生放送してＣＭ収入を稼がざるを得ない、ということになる。

米国のテレビ局による放映権料は、放映権料全体の中で、一九八八年ソウル五輪の時には七五％を占めていた。この時期に、飛び抜けて大きなパーセンテージを占めていたことは事実だ。しかし二〇〇〇年シドニー五輪では、それが五三％まで減少している。これは欧州や日本の放映権料も高騰しているからだ。もはや以前ほど、米国のテレビ局だけが飛び抜けた放映権料を払っているわけではないはずだが、それでも米国の時間に合わせた競技時間の設定が、リオデジャネイロ五輪でも行なわれたのである。

「五輪依存」からの脱却が必要

このような競技時間の設定をはじめ、五輪の開催をめぐって起こるさまざまな問題を見ていくと、論理的な意味においても、五輪は「最高の競技環境で世界一を決める最高の大会」とは言えなくなっている。

団体球技にしても、例えば男子のバレーボールのように、ポイントを獲得したうえで世界ランキングにランクインしている国が一四〇カ国以上ある競技においても、五輪の場合、開催日数が限定されていることもあって、一二カ国しか出場できない。そうなると、出場できればメダルを争う実力のあるチームが、大陸別の予選を突破できないこともあり得る。むしろ、二四カ国が出場できる世界選手権のほうが、実力のあるチームがほとんどもれなく出場できる大会だと言える。

そうであるなら、五輪競技にかかわっている人々も、五輪を「最大にして唯一、最高の大会」とする価値観から脱却して、競技としての存在価値も、五輪に依存した状態から少しずつ脱却していく努力が大事なのではないか、というふうに思える。

「五輪以上に重要な大会」はたくさんある

二〇一三年二月、レスリングが一時的に五輪の中核競技から外れた時、日本レスリング協会の福田富昭《とみあき》会長の口から「いつもＩＯＣに気を使わなくてはいけない」という愚痴がこぼれた。

この時は国際レスリング連盟（現・世界レスリング連合）が、ルールの一部変更や女性委員会の設置など、ＩＯＣが求めていたテーマについて改革を行なったことで、二〇一三年九月のＩＯＣ総会において再び五輪競技に加わることができた。これはもちろん、レスリング界にとって大事なことではあったが、こうした機会に、五輪に依存しない競技の発展ということについても、考えてみる必要があったのではないだろうか。

ＩＯＣという団体は、もともと、民主主義に基づいて設立された団体ではない。ピエール・ド・クーベルタンが、友人である大学教授や軍人に声をかけ、私財を投じて始めた、国際的な任意の組織である。一九七〇年代にＩＯＣ会長を務めたロード・キラニンは、回想録の中で、ＩＯＣを「国連やユネスコのような『民主的機関』に運営をまかせないで、選ばれた管理者の手に委ねたことは、たいへん先見の明があった（略）仮にＩＯＣが国連のような機関で運営されていたら、おそらく一九八〇年のモスクワオリンピックはほとんど一〇〇パーセント開催できなかった可能性があった」と書いている。これも一理ある。

しかし五輪が高い商業的価値を獲得するにしたがって、クーベルタンの掲げた理念は形骸化する一方、西欧の主導権だけが残された。そういう面もあることは否定できない。

ＩＯＣは、世界の競技団体から上納金を徴収しているわけではない。逆に、スポンサー企業からの協賛金や、テレビ放映権料からの分配金を、各競技団体に配っている立場だ。

またIOC委員は、世界の競技団体の中から民主的な選挙で選ばれるわけではない。民主的な運営より、利権がものを言う場合はあるだろう。そうである以上、競技団体としては、できる限り五輪に依存しない発展を目指すほうが、より確かな成果が得られるのではないだろうか。

現在でも、米国のプロスポーツであるアメリカンフットボールなどはもちろん、サッカー、テニス、ゴルフ、自転車のロードレースなどは、五輪に依存していない。ワールドカップや、グランドスラム・トーナメント、ツール・ド・フランスといった大会のほうが、五輪以上に重要な大会になっている。こうした大会は、単に世界一決定戦であるというだけでなく、大会の歴史や、大会が開催される舞台が価値を生み出している。

そういった大会を作り上げていくのは、歴史がかかわっている以上、一朝一夕にはできないことだ。しかし日本でも、甲子園で行なわれる高校野球や、正月の箱根駅伝などは、五輪で中継されるさまざまな競技と比較して見ても、ほぼ同等か、それ以上の注目度と言ってもいい大会ではないだろうか。

このような独自の価値を持つ大会は、開催の場所を選ぶことによって、また、開催時期を選ぶことによって、日本でもまだまだ作り出せるように思える。五輪に依存しない大会を育てていくことによって、選手の目標を作り上げ、観客の集まる収入源にも育てていく。その余地は、間違いなくあるように思える。

「人間の都合よりも、自然に従う」大会の意義

五輪においては、テレビ中継をやりやすい競技が重宝され、そのためにルール改正を行なう競技もある。興味を持って見る観客を増やさなければスポンサー企業からのお金も集まらないのだから、やむを得ないことであるかのように考えてしまう、そのような現状があるように思う。

しかし、テレビ中継にとって都合のよいルールや競技運営ではなくても、世界的に人気を博している大会もある。

例えば、ゴルフの四大メジャー大会で、最も古い歴史を持つ全英オープンだ。日本でも一九七六年からテレビで生中継されている全英オープンは、二〇一五年、雨と強風の影響で、二七年ぶりに五日間開催となった。本来であれば、木曜日に始まって日曜日に終わる

四日間開催だが、二〇一五年は、一日延びて最終ラウンドが月曜日になってしまった。優勝の決まる最終日が月曜日になってしまったのだから、これはギャラリーにとっても、中継を行なったテレビ局にとっても、残念な展開ではあった。

それでも、「雨や強風が原因で中断に次ぐ中断、その結果としての一日延期など、もうごめんだ。このような事態に陥らないよう、開催の方法を工夫すべきだ」というような声は、選手からもメディアからも出てこなかった。これが全英オープンである、そういうものなのだと、選手もメディアも認識しているからだろう。

二〇一五年の開催地だったセントアンドリュースのオールドコースは、ゴルフの聖地である。もともとは、耕作に適さない、海岸沿いの土地をゴルフ場にしたのだという。一七五四年に創設された、ゴルフの世界的な総本山「ザ・ロイヤル・アンド・エンシャント・ゴルフクラブ（R&A）」のホームコースである。

二〇一五年は、二日目に大雨で約三時間の中断があり、三日目には強風で一〇時間を超える中断があった。日本のテレビ中継では、通常なら午後一一時過ぎに中継を始めて、午前二時三〇分くらいにホールアウトする。だが二〇一五年のような天候だと、まるで予定通りにはいかない。三時間も中断すれば野球ならほとんど中止だが、ゴルフは再開することがあるので、放送をやめるわけにもいかない。地元のテレビ中継も苦労したことだろう。

その意味でこの大会は、最近の五輪が志向しているような、テレビで中継しやすいエンターテインメント性とは対極に位置したイベントだと言える。観客のための合理性を追求するなら、そもそも天候が変わりやすく、風を遮るものが何もないコースで大会を開催すること自体、間違った判断になる。だが全英オープンは一八六〇年に始まって以来、ずっと同じような運営を続けているのである。

自然に従って競技を行なう。できないなら人間のほうが待つ。ボールは雨や風に翻弄されるが、人間は文句を言わずに競技をする。そして、長い長い忍耐の果てに、ようやく結末にたどり着く。そこにあるのは、勝敗だけではなく、自分もゴルフの聖地に足跡を残したという、かけがえのない手応えであるはずだ。

歴史と伝統は活力を失う理由にもなり得るが、全英オープンは、自然に従い、忍耐することの価値について考えさせてくれる。歴史と伝統とはどういうものかについても、考えさせてくれる大会だ。こうした大会の人気ぶりは、五輪への依存から脱却していくうえで、学べるところがいろいろあるように思う。

女子サッカーとラグビーの事例

五輪に依存していないという意味では、女子サッカーとラグビーも、日本における近年の認知度は、五輪をきっかけに獲得されたものではない。どちらも、きっかけはワールドカップだった。

女子サッカーとラグビーのワールドカップは、男子サッカーに比べれば、一般的にはそれほど注目されていたイベントではなかった。しかし女子サッカーは、二〇一一年の準々決勝で、大会三連覇を目指す強豪であり開催国でもあったドイツに対して、延長戦の激闘の末に、日本が一―〇で勝利したことがすべてを変えた。準々決勝まではテレビ中継も衛星放送だけだったが、スウェーデンとの準決勝からは、フジテレビ系が地上波で中継した。米国との決勝戦の中継は、午前五時から六時三〇分の平均視聴率が二一・八％（ビデオリサーチ調べ＝関東地区）という、早朝の時間帯としては考えられない高視聴率を記録した。

なでしこジャパンがワールドカップで優勝する前年の二〇一〇年、なでしこリーグ（日本女子サッカーリーグ）の一試合平均観客数は九一二人だった。当時はＩＮＡＣ神戸のような強豪チームでさえ、二、三試合に一度は無料試合で開催していたが、それでもこの観客数だったのである。それが二〇一一年七月にワールドカップで優勝すると、再開したなでしこリーグは、二〇一一年シーズンの後半から有料試合を増やしたにもかかわらず、平均観客数は前年比で約三倍の二七九六人まで増加した。その後、一年ごとに減少傾向にはあるものの、それでも二〇一五年は平均で一七二三人。二〇一〇年の約一・九倍となっている。

日本の女子サッカーは、ワールドカップで優勝する前の二〇〇八年北京五輪では、史上初の準決勝進出を果たして四位になっていた。にもかかわらず、なでしこリーグの人気向上にはほとんどつながらなかった。国内リーグの人気を底上げしたのは、ワールドカップのほうだったのである。

ラグビーにも同じことが言える。二〇一五年ワールドカップの歴史的な番狂わせ、南アフリカ戦の逆転勝利が、ラグビーへの一般的な関心を久々に呼び起こした。日本代表はこの時、三勝一敗の勝ち点一二で、一次リーグを突破することはできなかったが、それでも、国内リーグでの観客動員を押し上げ、世界最高峰リーグの「スーパーラグビー」も関心を呼ぶなど、ラグビーに対する認知度が底上げされた。五輪以外の大会でも、大会の価値がきちんと報道され、理解されるなら、一般的な関心を呼び起こすことが、ここでも示されたと言えるだろう。

「ブーム」から「文化」へ

こうした五輪依存からの脱却を考えるうえで、なでしこジャパンの主将だった宮間あやが、二〇一五年ワールドカップで語った「(女子サッカーを)ブームではなく文化にしたい」という言葉は重要だ。

スポーツにおける「ブーム」とは、競技への関心ではなく、日本代表の活躍によるナショナリズムの高揚や、有名選手への関心によって人々が注目している状態と言っていいだろう。これに対して「文化」というのは、競技そのものへの関心の高まりによって、選手が入れ替わっても人気が上下しない状態と言えるのではないだろうか。

大ざっぱに言えば「代表チームはブームを作る。国内リーグが文化を作る」と言っていいだろう。

文化になるには、人々による歴史の共有と、地域性が重要になる。

「歴史の共有」とは、高校野球を例にとれば、もし将来、甲子園で「駒大苫小牧《とまこまい》×早実」というカードが実現した場合は、二〇〇六年の決勝再試合という歴史が広く共有されているため、「伝説のカードの再現」として注目のカードになる――というようなことだ。歴史の共有がなければ、その価値が人々に理解されず、関心を引くことはない。出来事の価値が、ありのままに理解される。そのような土壌ができ上がることが、「文化になる」ための重要な条件のひとつと言えるだろう。

「地域性」が重要なのは、地域の特色を生かすことで、ブームに左右されないスポーツの土壌を築くことができるからだ。例えば、釧路《くしろ》や苫小牧におけるアイスホッケーのように、日本代表が五輪や世界選手権の舞台で活躍していなくても、市民のスポーツとして、やるスポーツとしても、見るスポーツとしても、安定した人気を誇っている事例がある。全国的な人気競技ではなくても、地域のメジャースポーツとして育てることで、スポーツそのものが地域の観光資源にもなる。

ひるがえって、オリンピックについて考えてみたい。

二〇一五年の新国立競技場をめぐる論争以降、東京五輪に対する国民の支持率は下がり続けているように思う。問題が起こるたびに、五輪を招致した招致委員会や、五輪を運営していく組織委員会の、組織としての公平性や透明性に問題があることが分かってくる。新国立競技場問題がその典型的な例だと思われるが、参加した人々が、それぞれの立場と利権を主張するだけで、理念のもとに、それをまとめ上げていく仕組みが形成されていなかった。

問題が明らかになるたびに五輪の開催意義そのものが問われ、国民感情としては、支持する気持ちがどんどん下がっていく、そういう状況ではないだろうか。

このような二〇一五年以来の状況についても、日本のスポーツ界は、自分たちの問題として考え、意見を表明していく必要があるだろう。

競技人口と教育制度

また、「文化」として定着していくために必要な、競技人口の拡大について考えてみると、教育制度との関連にも注目せざるを得ない。

女子サッカーを例にとれば、二〇一三年当時の数字で、日本の競技人口は約三万人だった。これに対して、米国は約一七〇万人と言われていた。米国の女子サッカー人口がこれほど多い理由のひとつは、大学サッカーの制度にある。というのは、一九七二年に男女教育機会均等法が成立したことで、米国の大学は、奨学金をもらって大学に進学できる「スポーツ奨学生」の枠も、男女均等に枠を設定することが求められるようになったのである。

米国の場合、どの大学にも、男子のスポーツ奨学生としてアメリカンフットボールの奨学生がたくさんいた。このため、男女のバランスを取るには、女子のほうにも団体球技のチームを作ることが求められるようになった。その結果、女子サッカーの奨学生を入学させる大学が増えたのである。競技人口増加の背景に、男女教育機会均等法があったことは間違いない。

その後、米国の女子サッカーは、一九九九年、自国開催のワールドカップで優勝を果たした。中国との決勝戦には九万一八五人の大観衆を集めるほどの人気競技となった。こういった教育制度の改革は、女子スポーツを育てる観点からも、日本において参考にできる点がありそうだ。

オリンピック憲章における、平和主義と反差別

最後に、五輪の理念として最もよく知られている、平和主義について書いたオリンピック憲章の一節「オリンピズムの根本原則」の「2」を、再び引用したい。

「オリンピズムの目的は、人間の尊厳の保持に重きを置く平和な社会を奨励することを目指し、スポーツを人類の調和の取れた発展に役立てることにある」

オリンピック憲章の中で、最初に「平和」という言葉が出てくるのはこの部分だ。「人間の尊厳の保持に重きを置く平和な社会を奨励する」となっている。英語では“promoting a peaceful society concerned with the preservation of human dignity”である。

人間の尊厳の保持に重きを置くことによって、平和な社会を奨励していく。これは「オリンピズムの根本原則」の「6」にある「人種、肌の色、性別、性的指向、言語、宗教、

政治的またはその他の意見、国あるいは社会のルーツ、財産、出自やその他の身分などの理由による、いかなる種類の差別も受けることなく、確実に享受されなければならない」とつながる。

つまりは、オリンピック憲章が掲げている平和主義は、その条件として、人種、宗教、政治、性別などにかかわる排他性を乗り越えるということであるはずだ。

そのような意味であれば、五輪を開催することによって排他性を乗り越える状況を生み出すことは、実際にあるように思う。

オリンピックの理念を体現した、浅田真央の演技

最近の例で言えば、二〇一四年ソチ五輪における浅田真央の演技が、そうだったのではないだろうか。

二〇一〇年バンクーバー五輪でキム・ヨナとの対決に敗れて銀メダルに終わっていた浅田は、二三歳になって迎えたソチ五輪を、開幕前には「集大成」と位置づけ、そのように公言していた。

しかし、ショートプログラムの最初のトリプルアクセルで転倒、演技後半の連続ジャンプではひとつ目の三回転ループが二回転になったうえ、ふたつ目のジャンプが抜けて単独のジャンプになってしまうという内容で、一六位という考えられない順位で初日を終えた。一五歳の時、グランプリ・ファイナルで初出場初優勝という衝撃的な世界デビューを飾った浅田は、その二カ月後の二〇〇六年トリノ五輪には、国際スケート連盟が定めた年齢制限によって出場できなかった。五輪前年の六月三〇日までに一五歳になっていれば出場できたのだが、九月生まれの浅田は、三カ月足りずに出場できなかったのである。

ソチ五輪を迎えるまでに、世界選手権の金メダル二回、グランプリ・ファイナルの優勝四回。浅田にとって、五輪の金メダルだけが残された栄冠であることは、世界中のフィギュアスケートファンに知られていたはずだ。

そのようにして迎えたソチ五輪のショートプログラムで、誇りにしてきたトリプルアクセルに失敗して一六位に終わった時、浅田の中に、果たしてどのようなモチベーションが残っていたのか、それは誰にも分からなかった。フリーでどれほどよい演技をしたとしても、もはや、彼女が望んでいたものを手に入れることはできないはずだった。金メダルが成功の基準だと考えるのであれば、二度目の五輪で、彼女は失敗したのである。

しかしその翌日、フリーにおいて、会場の観客が、そしてテレビを通して世界中の観客が目撃したのは、驚くべき演技だった。

浅田は参加選手の中でただ一人、六種類のジャンプをすべて三回転で跳んだ。冒頭のトリプルアクセルをはじめ、ひとつのプログラムの中に三回転ジャンプは八回。この演技構成を、ノーミスで滑り切ったのである。スピンとステップはいずれも最高評価のレベル四。フリーの演技における技術要素の基礎点は、合計六六・三四に達した。これは金メダルを獲得したアデリナ・ソトニコワ（ロシア）の六一・四三を大きく上回っており、当時、トリプルアクセルを跳んでいた女子選手が、世界中で彼女しかいなかったことを考えると、技術的には、女子の選手が到達した、歴史的にも世界最高峰の演技だった。

このフリーの演技によって分かったことは、浅田がいかに世界のスケート界で愛され、国境を超えて人々の心を揺さぶる存在であったのか、ということだった。

浅田の演技が終わった時、米国の放送局NBCで解説者を務めていたジョニー・ウィアーは「試合がどのような結果になっても、このオリンピックで記憶に残るのは、この真央

ソチ五輪フリーの演技を終えた浅田真央

の演技だ」と称賛した。長野五輪の銀メダリスト、米国のミッシェル・クワンはツイッターで「泣かされた。すべてが永久に記憶される演技」と絶賛。ソチ五輪にも出場していたロシアのエフゲニー・プルシェンコもツイッターで「真央、君は偉大だ。本物のファイターだよ」と書き込んだ。この大会では銀メダルだった韓国のキム・ヨナは、試合後の記者会見で「お互いに立場を理解できる。彼女の涙を見た時は、私もこみあげてくるものがあった。お疲れ様と言いたい」と語っている。

そして、女子シングルでは入賞した選手のいなかった中国においてさえ、浅田の演技に対する反応は大々的なものだった。中国版ツイッター「微博《ウエイボー》」では「浅田真央」が検索ランキングの一位になり、「#浅田真央」というハッシュタグの付いた書き込みが一日で一七万件近くに達したという。書き込みの中には「外国人の試合を見て初めて泣いた」というものもあった。

浅田の演技は、文字通り国境や人種を超えて、人々の心を動かすものだったと言えるだろう。わずか二日間で展開された、彼女の失意と再起の物語が、これほど様々に、国境を超えて注目された。それは、やはり五輪でなければ起こり得ないことだったと思う。五輪だからこそ得られる大きな注目度は、五輪の理念、すなわちオリンピズムに支えられている。勝敗を決めるだけであれば、それは世界選手権と同じことなのである。

クーベルタンは「根本的なことは、征服したかどうかではなく、よく戦ったかどうかである」と語っているが、浅田の演技は、まさにそのような理念を体現するものだった。

アスリートが、このようなパフォーマンスをなし遂げることのある五輪という舞台には、やはり、存続していく意義はあるように思う。問われているのは、その舞台を、どのように作り上げていくのかということだ。

二〇二〇年東京五輪に向けて、どのような問題が立ち上がってきても、ひとつひとつの問題を、オリンピック憲章に立ち返りながら理解していくほかはない。

【資料】

2020年東京オリンピック競技大会・東京パラリンピック競技大会の準備及び運営に関する施策の推進を図るための基本方針

（平成27年11月27日閣議決定）

1．はじめに

（平和の祭典）

オリンピック競技大会・パラリンピック競技大会は世界最大の平和の祭典であり、その開催は、国際的な相互理解や友好関係を増進させる。オリンピック憲章は、「肉体と意志と精神のすべての資質を高め、バランス良く結合させる生き方の哲学」を意味する「オリンピズム」の目的は、「人間の尊厳の保持に重きを置く平和な社会を奨励することを目指し、スポーツを人類の調和のとれた発展に役立てることにある」としている。パラリンピックは、そのビジョンを、「パラリンピックアスリートが、スポーツにおける卓越した能力を発揮し、世界に刺激を与え興奮させることができるようにすること」としている。また、国連では、1994年のリレハンメル冬季オリンピック競技大会以来、大会に際して、オリンピック停戦の遵守に関する国連総会決議を採択し、オリンピック競技大会・パラリンピック競技大会の開催期間における停戦の遵守を加盟国に促している。

（1964年大会の成果）

戦後一貫して平和国家としての道を歩み、世界の平和と繁栄に貢献してきた日本は、オリンピック・パラリンピックムーブメントについても、その発展に貢献してきた。日本にとって初のオリンピック競技大会・パラリンピック競技大会の開催となった1964年の東京大会は、史上初めてアジアで開催された大会でもあり、オリンピズムをアジアにも広げた。1964年の東京大会は、日本の国際社会への本格的な復帰の象徴でもあり、敗戦から立ち上がった日本の復興を世界に示すものになった。日本人にとって、頑張れば世界と肩を並べることができるという自信を持つ契機となり、高度成長の弾みとなった。

（今回の大会の意義）

2020年東京オリンピック競技大会・東京パラリンピック競技大会（以下「大会」とい

う。）についても、より多くの国・地域から参加者を迎え、世界中の多くの人々が夢と希望を分かち合える歴史に残る大会にするとともに、自信を失いかけてきた日本を再興し、成熟社会における先進的な取組を世界に示す契機としなければならない。

特に、パラリンピック競技大会の開催は、障害者の自立や社会参加を促す大きな力となる。「パラリンピック」という語は１９６４年の東京大会の際に初めて使用されたものであり、夏季のパラリンピック競技大会が同一都市で２回開催されるのは、今回が史上初となる。参加国・地域数についても、オリンピック競技大会との差が縮まるよう、過去最多となることを目指し、大会を世界中の障害者をはじめ全ての人々に夢を与える大会としなければならない。

（運営の成功のための体制）

国際テロやサイバー攻撃の脅威の高まりなど、セキュリティをめぐる情勢は時代とともに変化しており、大会に参加する全てのアスリートが最高のパフォーマンスを発揮できるよう、セキュリティの万全と防災・減災等の安全安心の確保、アスリート、観客の輸送等大会運営の成功のための体制を整えていくことは必須である。特に、パラリンピック競技大会については、パラリンピックの認知度向上、ユニバーサルデザインに基づく競技会場整備をはじめとして、過去最高の環境整備を進める。

（「復興五輪」・日本全体の祭典）

同時に、大会の開催により、世界各国からアスリート、観客が日本に集まり、海外メディアにより広く報道され、世界の注目が日本に集まることになる。この機会を国全体で最大限いかし、「復興五輪」として、東日本大震災からの復興の後押しとなるよう被災地と連携した取組を進めるとともに、被災地が復興を成し遂げつつある姿を世界に発信する。また、スポーツ、文化・クールジャパンその他の様々なイベントを通じてオールジャパンで日本の魅力を発信し大会の開催に向けた機運の醸成を図るとともに、外国人旅行者の地方への誘客拡大による観光振興、大会に関連した事業やイベントへの地方の企業、団体及び個人等の参画拡大等を推進する。こうした取組を通じて、大会を国民総参加による日本全体の祭典とし、北海道から沖縄まで、全国津々浦々にまで、大会の効果を行き渡らせ、地域活性化につなげる。

（有益な遺産（レガシー）の創出）

オリンピック憲章では、オリンピック競技大会の有益な遺産（レガシー）について、開催都市のみならず、開催国としても引き継ぐことが期待されている。1964年の東京大会は、新幹線、首都高速道路、ごみのない美しい街並みなど、現在にも残る数々の遺産（レガシー）が生み出された。今回の大会も、多くの先進国に共通する課題である高齢化社会、環境・エネルギー問題への対応に当たり、日本の強みである技術、文化をいかしながら、世界の先頭に立って解決する姿を世界に示し、大会を世界と日本が新しく生まれ変わる大きな弾みとする。「強い経済」の実現、文化プログラム等を活用した日本文化の魅力の発信、スポーツを通じた国際貢献、健康長寿、ユニバーサルデザインによる共生社会、生涯現役社会の構築に向け、成熟社会にふさわしい次世代に誇れる遺産（レガシー）を創り出す。

（政府のこれまでの取組）

政府は、平成25年9月に、2020年のオリンピック競技大会・パラリンピック競技大会の開催地が東京に決定された後、速やかに、東京オリンピック・パラリンピック担当大臣を任命した。また、平成27年6月の平成三十二年東京オリンピック競技大会・東京パラリンピック競技大会特別措置法（平成27年法律第33号、以下「法」という。）の施行を受け、東京オリンピック競技大会・東京パラリンピック競技大会推進本部（以下「推進本部」という。）を設置するとともに、専任の東京オリンピック競技大会・東京パラリンピック競技大会担当大臣を任命した。

その際、公益財団法人東京オリンピック・パラリンピック競技大会組織委員会（以下「大会組織委員会」という。）、東京都、公益財団法人日本オリンピック委員会、公益財団法人日本障がい者スポーツ協会日本パラリンピック委員会その他の関係機関（以下「関係機関」という。）と円滑な連携を図りつつ、大会に関連して政府が講ずるべき施策（以下「関連施策」という。）の立案と実行に取り組んできた。

（基本方針の策定）

2020年に向け、大会に関連する取組を加速させるため、法第13条に基づき、大会の円滑な準備及び運営に関する施策の総合的かつ集中的な推進を図るための基本的な方針として、本基本方針を定め、関連施策の立案と実行に当たっての基本的な考え方、施策の方向について明らかにする。関連施策とその進捗状況については、「大会に向けた政府の取組」として定期的に公表する。

2．基本的な考え方

政府は、以下の基本的な考え方に基づき、関連施策の立案と実行に取り組む。

（1）国民総参加による「夢と希望を分かち合う大会」の実現

大会の運営に万全を期すことに加え、大会を日本再興の契機とし、その効果が東日本大震災の被災地を含む日本全体に波及し、国民全体に参加意識が醸成されるよう努めるとともに、パラリンピック競技大会をオリンピック競技大会と一体的に運営することを通じて障害者の社会参加の拡大を図り、大会を日本全体で「夢と希望を分かち合う大会」にする。

（2）次世代に誇れる遺産（レガシー）の創出と世界への発信

大会を開催期間において確実に成功させるのはもとより、高齢化社会、環境・エネルギー問題その他の日本が直面し多くの先進国に共通する課題を踏まえ、大会の開催後も有用であり、次世代に誇れる有形・無形の遺産（レガシー）を全国に創出するとともに、日本が持つ力を世界に発信する。

（3）政府一体となった取組と関係機関との密接な連携の推進

大会の成功のためには、国、大会組織委員会、東京都及び競技会場が所在する地方公共団体が一体となって取り組むことが不可欠である。大会組織委員会が、大会の運営主体として、大会の計画、運営及び実行に責任を持ち、東京都が、開催都市として、大会組織委員会の行う大会準備を全面的にバックアップするとともに、外国人受入れ体制の整備、開催機運の醸成等に取り組む。国は、大会の円滑な準備及び運営の実現に向けて、各府省に分掌されている関連施策を一体として確実に実行するとともに、大会組織委員会、東京都及び競技会場が所在する地方公共団体と密接な連携を図り、オールジャパンでの取組を推進するため、必要な措置を講ずる。また、ラグビーワールドカップ２０１９に関係する施策については、大会と共通する施策が含まれることから、連携して準備を進める。

（4）明確なガバナンスの確立と施策の効率的・効果的な実行

政府は、明確なガバナンスの確立に向け、関係機関と円滑に連携し、オープンなプロセスにより意思決定を行う。また、限られた予算と時間で最高の大会を実現するため、関連施策については、事業の進捗と効果を点検することを通じて効率的・効果的に実行し、施策に要するコストをできる限り抑制するとともに、大会の確実な成功に向けた取組を加速する。

3．大会の円滑な準備及び運営

大会の確実な成功に向けて、大会に参加する全てのアスリートが最高のパフォーマンスを発揮できるよう、セキュリティの万全と防災・減災等の安全安心の確保、アスリート、観客その他の関係者の円滑な輸送のための措置、暑さ対策・環境問題への配慮及び大会のメインスタジアムとなる新国立競技場の整備を進める。また、日本人アスリートの活躍を通じて国民を感動の渦に巻き込めるよう、オリンピック・パラリンピックの一体的な競技力強化、オリンピック・パラリンピックムーブメントの普及に取り組む。

大会の前年に開催されるラグビーワールドカップ2019は、大規模かつ国家的に重要なスポーツの競技会であること、ラグビーワールドカップ大会の準備及び運営が、翌年に開催される大会の準備及び運営と密接な関連を有するものであることから、平成三十一年ラグビーワールドカップ大会特別措置法（平成27年法律第34号）を踏まえ、政府として必要な支援に努めるとともに、セキュリティの万全と安全安心の確保、外国人受入れのための対策など、共通する施策について連携して準備を進める。

①セキュリティの万全と安全安心の確保

時々刻々変化する各種脅威への対処とスポーツの祭典であることとの調和を図り、全ての大会関係者、観客及び国民が安心して大会を楽しむことができるよう、広く関係者の理解と協力を得ながら各種の対策を実施する。

このため、「世界一安全な日本」の創造に向けた政府を挙げての戦略的・総合的な取組を進めるほか、２０２０年東京オリンピック・パラリンピック競技大会関係府省庁連絡会議の下に開催されるセキュリティ幹事会、大会の安全に関する情報を集約するために平成29年7月を目途に設置されるセキュリティ情報センター等を活用し、セキュリティの確保に関係する機関が緊密に連携して、情報の共有、対策の検討・実施、訓練等を推進する。

テロ対策については、テロリストグループやそれに共鳴する個人等によって敢行される国内外でのテロの脅威が現実のものとなっており、また、大会が世界の注目を集め多数の要人の観戦も予想されることからテロの発生が懸念されるところ、政府の各種決定を確実に推進し、情報収集・分析、水際対策、周辺海上・上空を含む競技会場等の警戒警備、テロ対処能力等を強化するとともに、官民一体となったテロ対策及び国際協力を強力に推進する。

サイバーセキュリティ対策については、国全体としてのサイバーセキュリティ戦略を着実に実施するほか、当該戦略に基づき、大会に係るサイバーセキュリティ上のリスクを明確にした上で、各関係主体で必要な対策を施していくとともに、脅威・インシデント情報の共有等を担う中核的組織としてのオリンピック・パラリンピックCSIRT（Computer Security Incident Response Team）の構築、運用を図る。

防災・減災対策については、国土強靭化を着実に進めるとともに、首都直下地震、台風、豪雨をはじめとする各種災害発生時における大会関係者及び観客の避難誘導等の対策を検討、推進する。

感染症対策については、中東呼吸器症候群（ＭＥＲＳ）等の海外の感染症発生動向を踏まえつつ、水際対策に万全を期すために必要な体制を整備するとともに、サーベイランスの強化などの国内の感染症対策を推進する。また、併せて食中毒予防策を推進する。

②アスリート、観客等の円滑な輸送及び外国人受入れのための対策

アスリート、観客等や貨物等の円滑な輸送のため、首都圏空港の機能強化、空港アクセスの

改善、道路・交通インフラの整備等を推進する。その際、大会の競技会場とその周辺が、東京の人流・物流の中枢に位置し、その機能の維持が重要であることに十分留意しつつ、交通総量を抑制するための諸対策を推進する等、大会の開催が一般交通及び市民生活に与える影響を最小限に抑えるよう配慮する。

首都圏空港（羽田・成田）の機能強化については、羽田空港における飛行経路の見直し等を含む機能強化方策の具体化に向けた取組を進めるとともに、バリアフリー化等を通じて空港アクセスをはじめとする鉄道・バス等の利便性向上を進める。

道路・交通インフラについては、大会時における渋滞が緩和され、人流・物流が円滑に行われるよう、東京臨海部をはじめとする関連インフラの整備等を推進する。特に、大会関係者の輸送については、オリンピック・パラリンピックレーンの設置に向けて、関係機関が連携して検討を進める。

また、ＣＩＱ体制の強化その他の外国人の受入れのための対策については、人的・物的な体制の整備を推進するとともに、多言語対応の強化、無料公衆無線ＬＡＮの環境整備などの社会全体のＩＣＴ化の推進、宿泊施設の供給確保に向けた対策、医療機関への外国人患者受入環境整備、外国人来訪者等への救急・防災対応、無電柱化、海外発行クレジットカード等の決済環境等の改善を推進する。

③暑さ対策・環境問題への配慮

大会が暑さの厳しい時期に開催されることから、アスリート、観客等が過ごしやすい環境を整備するため、大会の暑さ対策として、道路緑化等を含む総合的な道路空間の温度上昇抑制対策等によるハード・ソフト両面の競技会場等の暑さ対策、熱中症等関連情報について多言語による外国人向け啓発をはじめ多様な情報発信の実施、ＩＣＴを活用した救急通報等、外国人・障害者も含めた救急医療体制の整備等を進める。

また、大会における持続可能性を実現するため、日本が保有する省エネルギー・環境関連の技術の活用をはじめとする環境等への配慮を通じて、大会の二酸化炭素等の排出量削減、３Ｒ促進をはじめとする環境負荷低減に向けた取組を推進する。

④メダル獲得へ向けた競技力の強化

公益財団法人日本オリンピック委員会及び公益財団法人日本障がい者スポーツ協会日本パラリンピック委員会の設定したメダル獲得目標を踏まえつつ、日本人アスリートが、大会において最高のパフォーマンスを発揮し、過去最高の金メダル数を獲得するなど優秀な成績を収めることができるよう、トップアスリート及び次世代アスリートの育成・支援のための戦略的な選手強化、競技役員など国際的に活躍できる人材の育成、スポーツ医・科学、情報分野の多方面からの専門的かつ高度な支援体制の構築に努めるとともに、オリンピック競技とパラリンピック競技の一体的な拠点構築を進める。特に、パラリンピック競技については、基盤の強化をはじめ、大会の成功に向けた重層的な支援を講ずる。

⑤アンチ・ドーピング対策の体制整備

競技の公平・公正性を確保するため、アンチ・ドーピング対策を強化する必要がある。具体的には、世界ドーピング防止機構（WADA）や公益財団法人日本アンチ・ドーピング機構（JADA）とも連携しつつ、競技者等に対する研修、ドーピング検査員の育成、検査体制の強化等の万全の体制整備を行う。また、スポーツの価値・インテグリティ（高潔性）を更に高めようとする国際的な取組に貢献するため、国際的なアンチ・ドーピング推進体制の強化を支援する。

⑥新国立競技場の整備

大会のメインスタジアムとなる新国立競技場については、世界の人々に感動を与える場となるよう、「新国立競技場の整備計画」（平成27年8月28日新国立競技場整備計画再検討のための関係閣僚会議決定）に基づき、アスリート第一、世界最高のユニバーサルデザイン、周辺環境等との調和・日本らしさを基本理念として、大会に確実に間に合うよう着実に整備を進める。

⑦教育・国際貢献等によるオリンピック・パラリンピックムーブメントの普及、ボランティア等の機運醸成

大会開催を契機に、オリンピック・パラリンピック教育の推進によるスポーツの価値や効果の再認識を通じ、国際的な視野を持って世界の平和に向けて貢献できる人材を育成する。

具体的には、スポーツ及びオリンピック競技大会・パラリンピック競技大会の意義、価値、歴史に対する国民の理解・関心の向上、障害者を含めた多くの国民の生涯にわたるスポーツへの主体的な参画の定着・拡大、若者に対するこれからの社会に求められる資質・能力の育成について推進を図るとともに、大会をはじめとするスポーツの記録と記憶を後世に残すためのアーカイブの在り方について検討を進める。

「Sport for Tomorrow」プログラムを通じて、スポーツの価値及びオリンピック・パラリンピックムーブメントを普及させるため、スポーツ分野での世界の国々への貢献・協力関係の構築を行う。

また、全国でより多くの方々が大会に関連した取組に関わっていくことができるよう、大会の運営や地方における海外からの来訪者の受入れなどの各種ボランティア活動、大会に関連する取組に係る寄附等への機運醸成を図る。

4．大会を通じた新しい日本の創造

（1）大会を通じた日本の再生

世界の熱い注目が集まる大会の開催を通じて、復興を成し遂げつつある東日本大震災の被災地の姿、季節感にあふれた祭り・花火、地域の伝統芸能や特色ある文化芸術活動、食からおもてなしの心に至る全国の地域の魅力、日本の強みである環境・エネルギー関連などの科学技術を世界にアピールし、地方創生・地域活性化、日本の技術力の発信及び外国人旅行者の訪日促進等を通じた「強い経済」の実現につなげる。

①被災地の復興・地域活性化

東日本大震災の被災地の復興を後押しするとともに、復興を成し遂げつつある被災地の姿を世界に向けて発信することは、この大会の大きな目的の一つである。被災地の方々の声を十分に聴きながら、被災地を駆け抜ける聖火リレー、被災地での大会イベントの開催や事前キャンプの実施、被災地の子どもたちの大会への招待等について取組を進めるとともに、被災地における取組を世界に伝えていくことを通じ風評被害を払拭し、産業面を含めた着実な復興へとつなげる。

また、大会に関連する様々な事業、イベント等に全国各地の中小企業をはじめとする企業、団体・NPO、個人等の各主体が積極的に参画し、日本全体でビジネス機会の拡大を含め地域活性化につながるよう、大会開催の効果を全国に波及させるための取組を関係機関と連携しつつ進める。特に、大会の開催により多くの選手・観客等が来訪することを契機に、地域の活性化等を推進するため、事前キャンプの誘致等を通じ大会参加国・地域との人的・経済的・文化的な相互交流を図る地方公共団体を「ホストタウン」として、被災地を含む全国各地に広げる。さらに、改善された日本のビジネス環境を世界に発信し、投資を促進する。

②日本の技術力の発信

日本が世界中の注目を集め、多くの外国人が訪日する機会となる大会を、「強い経済」の実現に向けたイノベーションの牽引役と捉え、大会を通じて日本の強みである技術をショーケース化し、世界に発信する。

具体的には、水素社会の構築に向けた環境・エネルギー技術、自動走行技術の実用化、ロボット技術、高精度衛星測位技術を活用した新サービス等を制度面も含めて推進する。また、日本のものづくり力をいかした義肢装具の普及を促進する。

③外国人旅行者の訪日促進

2016年のリオデジャネイロ大会以降、2020年までの次期開催国として注目される期間に、多言語対応等を含めた外国人受入れのための対策及び日本文化の魅力の発信と連動しつつ、訪日プロモーションを推進する。その際、多言語対応、ICT環境の整備、各種ボランティア活動等による「おもてなし」を向上させ、外国人旅行者を地方へ誘客するための施策により大会の開催効果を東京のみならず広く地方に波及させる。また、バリアフリー化等を通じて空港アクセスをはじめとする鉄道・バス等の利便性向上を進める。さらに、道路インフラの整備、水辺環境の改善等についても、大会後の日本の成長基盤となるよう配意する。

（2）日本文化の魅力の発信

大会はスポーツの祭典のみならず文化の祭典でもある。日本には、伝統的な芸術から現代舞台芸術、最先端技術を用いた各種アート、デザイン、クールジャパンとして世界中が注目するコンテンツ、メディア芸術、ファッション、地域性豊かな和食・日本酒その他の食文化、祭り、伝統的工芸品、和装、花、さらには、木材・石材・畳等を活用した日本らしい建築など、多様な日本文化がある。文化プログラムの推進も含め、こうした多様な文化を通じて日本全国で大会の開催に向けた機運を醸成し、東京におけるショーウィンドウ機能を活用しつつ、日本文化の魅力を世界に発信するとともに、地方創生、地域活性化につなげる。

また、障害者の芸術振興については、共生社会の実現を図る観点も含め、障害のある人たちがその個性・才能をいかして生み出す芸術作品を世界に発信するため、大会に向けて障害者の文化芸術活動を推進する。

（３）スポーツ基本法が目指すスポーツ立国の実現

大会の開催は、スポーツ基本法（平成23年法律第78号）の目指す「スポーツを通じて全ての人々が幸福で豊かな生活を営むことのできる社会」を実現する好機である。この点を踏まえ、２０２０年に向けて、スポーツ庁が中心となって、関係各省や関係団体が協働しつつ、競技力強化、アンチ・ドーピング対策の推進、地域におけるスポーツの振興などの多様なスポーツの機会確保のための環境の整備、指導者の養成、スポーツ関連産業の育成及び同産業との連携、スポーツに関する科学的研究の推進、国際的な交流及び貢献の推進、障害者スポーツの推進等、スポーツ基本法に掲げる各般の施策に取り組み、スポーツ立国の実現を図る。

障害者スポーツの推進については、各地域において認知度の向上を図るとともに、障害者スポーツに取り組みやすい環境の整備を促進する。

（４）健康長寿・ユニバーサルデザインによる共生社会の実現

大会が開催される２０２０年には団塊の世代が70歳を超えることを踏まえ、生涯現役社会を構築できるよう、大会への準備を弾みとして、スポーツ・運動を通じた健康増進、障害者・高齢者にとどまらず誰もが安全で快適に移動できる公共施設等のユニバーサルデザイン化・障害者等への理解などのいわゆる「心のバリアフリー」による共生社会の実現を通じて、障害者・高齢者の活躍の機会を増やす。

①大会を弾みとした健康増進・受動喫煙防止

大会を弾みとして、個人の主体的な健康増進の取組を促進することにより、健康寿命の延伸及び医療費の適正化を目指す。

このため、市町村が実施する取組への支援や医療保険者において、個人のスポーツ・運動を通じた健康増進への問題意識を喚起するための普及啓発や、個人がライフステージに応じて、主体的にスポーツ・運動に取り組むための環境整備、国民の主体的な取組を促し、支えるための環境整備を進める。

受動喫煙防止については、健康増進の観点に加え、近年のオリンピック・パラリンピック競技大会開催地における受動喫煙法規制の整備状況を踏まえつつ、競技会場及び公共の場における受動喫煙防止対策を強化する。

②ユニバーサルデザイン・心のバリアフリー

高齢化が進展する中で、障害者・高齢者にとどまらず、全ての人々の社会参加を促進し、活躍の機会を増やすため、パラリンピック競技大会の開催を通じて、誰もが安全で快適に移動できるユニバーサルデザインの考えに基づいた街づくりを推進する。このため、全国展開を見据えつつ、東京において、世界に誇れる水準でユニバーサルデザイン化された公共施設・交通インフラを整備する。特に、「アクセシビリティガイドライン」を踏まえ、障害の有無にかかわらず全ての人にとってアクセス可能な大会を実現する。

障害の有無等にかかわらず、誰もが相互に人格と個性を尊重し支え合う「心のバリアフリー」を推進することにより、共生社会の実現につなげる。このため、障害者スポーツを全ての子供たちが体験するなどの取組を通じて、教育現場・地域における交流及び共同学習のより一層の充実を図る。

参考文献

マイケル・ペイン著　保科京子、本間恵子訳『オリンピックはなぜ、世界最大のイベントに成長したのか』グランドライン　二〇〇八年
竹内智香『私、勝ちにいきます―自分で動くから、人も動く』小学館　二〇一四年
ロード・キラニン著　宮川毅訳『オリンピック激動の歳月』ベースボール・マガジン社　一九八三年
アンドリュー・ジンバリスト著　田端優訳『オリンピック経済幻想論』ブックマン社　二〇一六年
小川勝『オリンピックと商業主義』集英社新書　二〇一二年
財団法人日本オリンピック委員会監修『近代オリンピック100年の歩み』ベースボール・マガジン社　一九九四年
日本オリンピック・アカデミー編『ポケット版オリンピック事典』楽　二〇〇八年
黒須朱莉ほか『オリンピックが生み出す愛国心―スポーツ・ナショナリズムへの視点』かもがわ出版　二〇一五年
槇文彦「新国立競技場案を神宮外苑の歴史的文脈の中で考える」『JIA MAGAZINE』二九五号　二〇一三年八月
黒須朱莉「IOCにおける国歌国旗廃止案の審議過程（1953-1968）―アベリー・ブランデージ会長期を中心に―」『一橋大学スポーツ研究』三一号　二〇一二年一〇月
黒須朱莉「IOCにおける『完全な国歌国旗廃止案』の消滅（1973-1974）」『一橋大学スポーツ研究』

三三号　二〇一四年一二月
オリンピック憲章　二〇一五年版　日本オリンピック委員会　二〇一六年
オリンピック・アジェンダ2020―20＋20の提言　二〇一四年
2020年東京オリンピック競技大会・東京パラリンピック競技大会の準備及び運営に関する施策の推進を図るための基本方針（二〇一五年一一月二七日閣議決定）
＊他に、オリンピック各大会の公式報告書、「朝日新聞」「毎日新聞」「東京新聞」「日本経済新聞」「日刊スポーツ」、Ｒｅｃｏｒｄ Ｃｈｉｎａ（http://www.recordchina.co.jp/）の記事を参考にさせていただいた。

おわりに

二〇二〇年東京五輪に向けた動きは、新国立競技場問題に始まって、舛添要一・東京都知事の辞任にいたるまで、ひとつひとつが、大きな議論を呼んでいる。そのほとんどは、スポーツニュースとしての枠を超えて、いわゆる社会的な関心事となっている。

それらの議論はテレビや新聞紙上で、あるいはインターネット上で展開されているわけだが、実りある議論のためには、一定の基礎知識、これはやはり間違いなく必要であろうと思う。本書はそのような、さまざまな議論を実りあるものにするための、基礎知識について考えながら書いたつもりである。

本書の大半は、東京新聞に連載されたコラム「直言タックル」をもとにして、大幅に加筆および修正を加えたものである。

びわこ成蹊《せいけい》スポーツ大学の専任講師、黒須朱莉《くろすあかり》氏のふたつの論文には、たくさんのことを学ばせていただいた。そして、二〇一二年ロンドン五輪の前に出版された『オリンピックと商業主義』と同様、粘り強く企画を推し進めてくれた集英社新書編集部の千葉直樹氏に、あらためて感謝します。

小川　勝

二〇一六年八月

小川 勝（おがわ まさる）

一九五九年生まれ。スポーツライター。青山学院大学理工学部卒業後、スポーツニッポン新聞社に入社。プロ野球、メジャーリーグ、オリンピック取材などを担当し、編集委員に。二〇〇二年に独立。著書に『10秒の壁——「人類最速」をめぐる百年の物語』『オリンピックと商業主義』（集英社新書）、『イチローは「天才」ではない』（角川oneテーマ21）など。

東京《とうきょう》オリンピック「問題《もんだい》」の核心《かくしん》は何《なに》か

集英社新書〇八四六H

二〇一六年八月二二日 第一刷発行

著者……小川《おがわ》 勝《まさる》
発行者……加藤 潤
発行所……株式会社集英社
東京都千代田区一ツ橋二-五-一〇 郵便番号一〇一-八〇五〇
電話 〇三-三二三〇-六三九一（編集部）
〇三-三二三〇-六〇八〇（読者係）
〇三-三二三〇-六三九三（販売部）書店専用

装幀……原 研哉
印刷所……凸版印刷株式会社
製本所……株式会社ブックアート

定価はカバーに表示してあります。

ISBN 978-4-08-720846-7 C0275
Printed in Japan

a pilot of wisdom

集英社新書　好評既刊

ホビー・スポーツ——H

- 将棋の駒はなぜ40枚か　増川宏一
- 猫のエイズ　石田卓夫
- 板前修業　下田 徹
- 自由に至る旅　花村萬月
- イチローUSA語録　デイヴィッド・シールズ編
- メジャー野球の経営学　大坪正則
- チーズの悦楽十二カ月　本間るみ子
- 早慶戦の百年　菊谷匡祐
- 増補版 猛虎伝説　上田賢一
- ネコと暮らせば　野澤延行
- 両さんと歩く下町　秋本 治
- スポーツを「読む」　重松 清
- 田舎暮らしができる人 できない人　玉村豊男
- 自分を生かす古武術の心得　多田容子
- 10秒の壁　小川 勝
- 手塚先生、締め切り過ぎてます！　福元一義
- バクチと自治体　三好 円
- 機関車トーマスと英国鉄道遺産　秋山岳志
- 食卓は学校である　玉村豊男
- 武蔵と柳生新陰流　赤羽根龍夫 赤羽根大介
- オリンピックと商業主義　小川 勝
- 日本ウイスキー 世界一への道　嶋谷幸雄 輿水精一
- メッシと滅私 「個」か「組織」か？　吉崎エイジーニョ
- F1ビジネス戦記　野口義修
- ラグビーをひもとく 反則でも笛を吹かない理由　李 淳馹

a pilot of wisdom

ヴィジュアル版――V

a pilot of wisdom

消されゆくチベット　渡辺一枝
爆笑問題と考える　いじめという怪物　太田 光／NHK「探検バクモン」取材班
部長、その恋愛はセクハラです！　牟田和恵
モバイルハウス　三万円で家をつくる　坂口恭平
東海村・村長の「脱原発」論　村上達也／神保哲生
「助けて」と言える国へ　奥田知志／茂木健一郎
わるいやつら　宇都宮健児
ルポ「中国製品」の闇　鈴木譲仁
スポーツの品格　桑田真澄／佐山和夫
ザ・タイガース　世界はボクらを待っていた　磯前順一
ミツバチ大量死は警告する　岡田幹治
本当に役に立つ「汚染地図」　沢野伸浩
「闇学」入門　中野 純
100年後の人々へ　小出裕章
リニア新幹線　巨大プロジェクトの「真実」　橋山禮治郎
人間って何ですか？　夢枕 獏 ほか
東アジアの危機　「本と新聞の大学」講義録　一色 清／姜尚中 ほか

不敵のジャーナリスト　筑紫哲也の流儀と思想　佐高 信
騒乱、混乱、波乱！　ありえない中国　小林史憲
なぜか結果を出す人の理由　野村克也
イスラム戦争　中東崩壊と欧米の敗北　内藤正典
刑務所改革　社会的コストの視点から　沢登文治
沖縄の米軍基地　「県外移設」を考える　高橋哲哉
日本の大問題「10年後を考える」——「本と新聞の大学」講義録　一色 清／姜尚中 ほか
原発訴訟が社会を変える　河合弘之
奇跡の村　地方は「人」で再生する　相川俊英
日本の犬猫は幸せか　動物保護施設アークの25年　エリザベス・オリバー
おとなの始末　落合恵子
性のタブーのない日本　橋本 治
ジャーナリストはなぜ「戦場」へ行くのか　——取材現場からの自己検証　危険地報道を考えるジャーナリストの会・編
医療再生　日本とアメリカの現場から　大木隆生
ブームをつくる　人がみずから動く仕組み　殿村美樹
「18歳選挙権」で社会はどう変わるか　林 大介
3・11後の叛乱　反原連・しばき隊・SEALDs　笠井 潔／野間易通

a pilot of wisdom

集英社新書 好評既刊

ルバイヤートの謎 ペルシア詩が誘う考古の世界
金子民雄 0834-C

世界各国で翻訳される、ペルシア文化の精髄の一つと言われる四行詩集『ルバイヤート』の魅力と謎に迫る。

自民党と創価学会
佐高 信 0835-A

権力のためなら掌を返す自民党。「平和の党」の看板も汚す創価学会＝公明党。この「野合」の内幕を暴く！

世界「最終」戦争論 近代の終焉を超えて
内田 樹／姜尚中 0836-A

現代日本を代表する二人の知の巨人が、混迷する世界情勢を打破するための新たな〝見取り図〟を描く！

口下手な人は知らない話し方の極意
認知科学で「話術」を磨く

野村亮太 0837-E

話が下手な人は何が間違っているのか？ 気鋭の認知科学者が、現場で活きる合理的な話術の極意を伝授！

「18歳選挙権」で社会はどう変わるか
林 大介 0838-B

「18歳選挙権」制度は社会変革に寄与し得るのか？ 主権者教育の専門家による、「若者と政治」論の決定版。

糖尿病は自分で治す！
福田正博 0839-I

糖尿病診療歴三〇年の名医が新合併症と呼ぶ、がんや認知症、歯周病との関連を解説、予防法を提唱する。

3・11後の叛乱 反原連・しばき隊・SEALDs
笠井 潔／野間易通 0840-B

3・11後、人々はなぜ路上を埋めつくし、声を上げはじめたのか？ 現代の蜂起に託された時代精神を問う！

感情で釣られる人々 なぜ理性は負け続けるのか
堀内進之介 0841-C

理性より感情に訴える主張の方が響く今、そんな流れに釣られないために「冷静に考える」方法を示す！

日本会議 戦前回帰への情念
山崎雅弘 0842-A

安倍政権を支える「日本会議」は国家神道を拠り所に戦前回帰を目指している！ 同組織の核心に迫る。

ラグビーをひもとく 反則でも笛を吹かない理由
李淳馹 0843-H

ゲームの歴史と仕組みを解説し、競技の奥深さとワンランク上の観戦術を提示する、画期的ラグビー教本。